季節を身にまとう

ハイトモニカ
ボタニカル刺繍の
アクセサリーと小物

ハイトモニカ 著

東院
日書

CONTENTS

PART 1　One Point Motif

PART 2　Accessory

はじめに

植物や花は身近なものですが、
じっくり見てみると、実はユニークな
形や色をしていて、驚かされます。

この本では、「ボタニカル」をテーマに、
さまざまな植物の図案をおこし、アクセサリーや
小物などの作品に仕上げています。
お花屋さんで見かけるような季節の花から、
生命力あふれる野に咲く草花、
不思議な形が印象的なネイティブフラワーまで、
色々な植物をそろえました。

刺繍の魅力の１つは、
色の組み合わせだと思っています。
刺繍糸や布地を変えることで、
雰囲気ががらっと変わります。

本書では、色合わせの参考になるような、
色違いのバリエーションも多く掲載しています。
色を選ぶのはとても楽しいので、
ぜひお手元のお洋服や小物に合わせて、
オリジナルの色合わせを考えてみてください。

ひと針ひと針、ていねいに刺した刺繍の植物。
時間はかかりますが、その分、
世界に一つのぜいたくな宝物になります。
刺繍をしている時間も含めて、
楽しみながら作ってほしいです。

ハイトモニカ

PART 1

One Point Motif

かわいらしい草花を、
小さなワンポイントモチーフにして、
刺繍糸で写しとりました。
小物にちょこんと刺繍をすれば、
たちまち世界にひとつの
オリジナルグッズのできあがり。
さりげなく日常を飾ってくれる
サイズとデザインの図案を集めました。
手仕事で紡がれた小さな草花で、
毎日を彩ってみませんか？

01~03
ハンカチ
-handkerchief-

How to Make　P.53

ハンカチに施した小さな刺繍は、
何気ない日常に彩りをそえてくれる小さな魔法。
使うたびに心躍る、
可憐なチューリップをデザインしました。

01

02

03

04,05
エコバッグ
-Eco bag-

How to Make 04 P.54

How to Make 05 P.56

シンプルなエコバッグに
ボタニカル刺繍をすれば、
おしゃれなファッションアイテムに変身。
05 の作品には、形がユニークな
ネイティブフラワーのモチーフを集めました。

06,07
コップ袋 & ランチバッグ
-Lunch bag-

How to Make 06　P.58

How to Make 07　P.59

お花をくわえたハトの図案がキュートな
ランチバッグとコップ袋。
大人かわいいデザインなので、
子どもも大人も使えます。

07

06

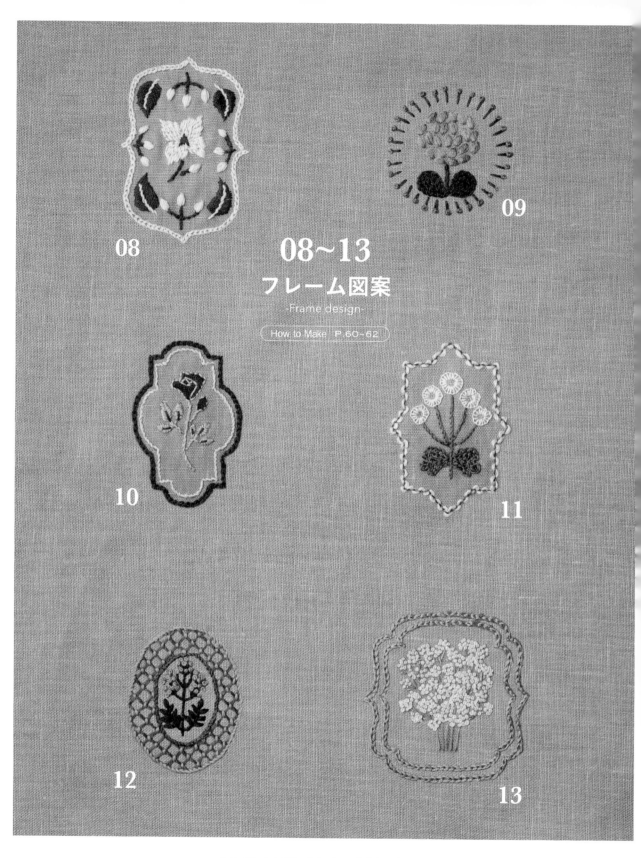

08

09

08~13
フレーム図案
-Frame design-

How to Make P.60~62

10

11

12

13

それぞれのお花に合わせてデザインされた
フレームがおしゃれな図案です。
お好きなところに刺繍して、
世界にひとつのオリジナルグッズを作りましょう。

14
ブックカバー
Book cover

How to Make P.63

「豊かな感受性」という花言葉をもつ、
ミモザの刺繍のブックカバー。
ひと針ひと針心を込めて刺した刺繍と共に、
物語の世界を旅してみませんか。

15
ペンケース
-Pencil case-

How to Make　P.64

仕事でもプライベートでも使える、
シックな色味のペンケース。
あたたかみのある刺繍が、
ほっと心を和ませてくれます。

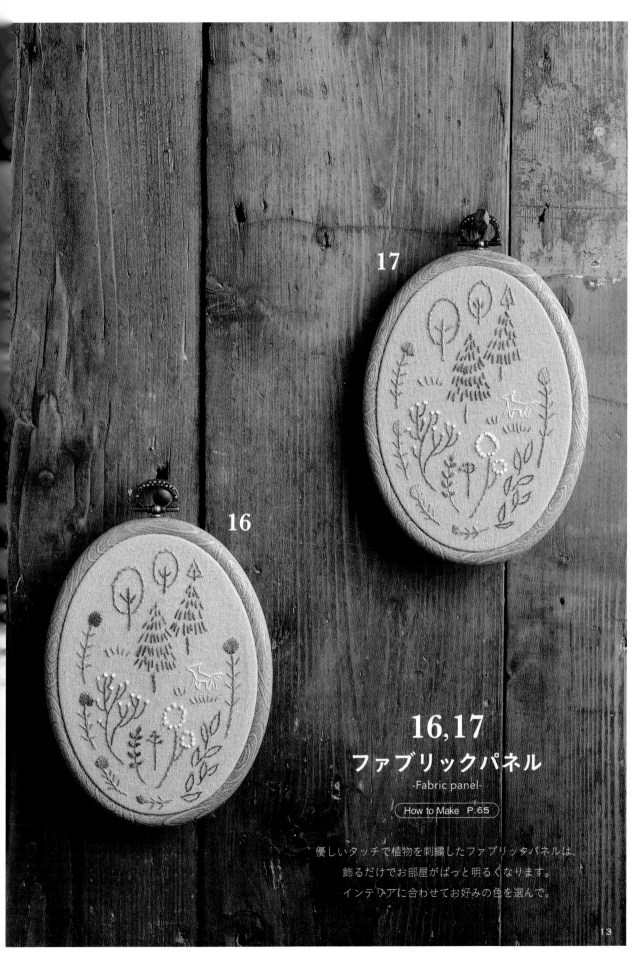

17

16

16,17
ファブリックパネル
-Fabric panel-

How to Make P.65

優しいタッチで植物を刺繍したファブリックパネルは、
飾るだけでお部屋がぱっと明るくなります。
インテリアに合わせてお好みの色を選んで。

18～23
一輪の花図案
-Frame design-

How to Make　P.66～68

18

19

20

21

22

23

刺繍の植物図鑑のようなお花の図案。
バッグや洋服にワンポイントとして刺繍したり、
異なる花を好みに並べて刺しても可愛い。

24
エプロン
-Apron-

How to Make P.69

スズランの白とエプロンの紺色の
コントラストがすっきりと清潔感のあるエプロンは、
お料理の時間を楽しく演出してくれます。

25
こどものワンピース
-Children's dress-

How to Make　P.70

デニムに白い小花の裾模様を刺繍した、
女の子のさわやかなワンピースです。
普段着にもおめかしにもぴったりな、
シンプルで上品な図案です。

26
紙刺繍のカード
-Paper embroidery-

How to Make　P.71

紙に糸で刺繍をした、
紙刺繍のポストカード。
書き添えた言葉と一緒に、
手仕事の温もりを届けます。

27

シャツ（おとな・こども）
-Shirt-

お出かけの日に着ていきたい、
親子ペアルックの刺繍シャツです。
心を込めた刺繍が、かけがえのない思い出の日を彩ります。

How to Make P.72

18

28
おとなのワンピース
-Dress-

How to Make　P.73

ワンピースの胸元に花模様を刺繍しました。
ディティールにこだわったデザインの刺繍で、
いつもの洋服が特別なおしゃれ着になります。
1色なので初心者でも挑戦しやすい作品。

29

つけ襟
-Attached collar-

How to Make P.74

まるで、絵本の世界から飛び出してきたような、
植物の刺繍がぎゅっと詰まったつけ襟。
ワンピースと合わせれば、
クラシカルなコーディネートの完成です。

29のつけ襟のモチーフを
円を描くようにレイアウトすれば、
かわいいファブリックパネルになります。
優しい曲線で描かれた草花が、お部屋を明るく彩ります。

31,32
ピンクッション
-Pin cushion-

How to Make P.78

ピンクッションに、
小さな花と実の刺繍を施しました。
お気に入りの道具と一緒に、
作品作りに没頭する時間は、
かけがえのない大切なもの。

32

31

PART 2

Accessory

美しく染め上げた刺繡糸で、
可憐な草花を縫いとって、
素敵なアクセサリーに仕立てました。
ビーズやスパンコールで立体的に仕上げた作品は
シンプルなデザインでも目を惹く存在感があります。
ひと針ひと針、丁寧に刺繡した作品を
身につければ、気持ちも弾みます。
ボタニカル刺繡のアクセサリーは、
あなたを優しく華やかに飾ってくれるでしょう。

33

33~36
クラシカルなブローチ
-Brooch-

How to Make　P.80~82

クラシカルなデザインが美しいブローチは、
つけるだけでシンプルな装いが
一気に華やぎます。

37
ループタイ
-Loop tie-

How to Make　P.83

ネクタイの代わりになるループタイは、
色味を抑えて、クールな印象に仕上げました。
無地のシャツと合わせて、
コーディネートの主役に。

38

バレッタ
-Valletta-

How to Make　P.84

大きめのバレッタに、たっぷりと花の刺繍を
施したガーリーなヘアアクセサリー。
グレー地とアイボリーの組み合わせが優しげです。

39~50
12ヶ月のイヤリング
-Earrings-

How to Make P.38, P.85

12ヶ月の花をイメージして
デザインしたイヤリングは、
好きな色のものを作るのも、
自分や大切な人の誕生月のものを
作るのもいいですね。

39

40

41

42

43

44

45

46

47

48

49

50

51
たんぽぽ綿毛の
イヤリング
-Earrings-

How to Make　P.88

たんぽぽの綿毛をモチーフにしたイヤリングです。
ふわふわの綿毛のようなパールビーズの透明感で、
お顔まわりがぱっと華やかに。

52
椿のブローチ
-Brooch-

How to Make　P.86

椿をモチーフにした和風デザインの
ブローチは、コーディネートのアクセントに。
葉っぱにそえたパールがポイントです。

53~57
切手風ブローチ
-Brooch-

How to Make　P.89~91

植物のシルエット図案を、ふっくらした切手風のブローチに仕上げました。
色違いで作って、その日の気分で選ぶのも素敵。

58
帯留め
-Obidome-

How to Make P.92

和風な扇形モチーフと、
洋風なスパンコールのコントラストが
おしゃれな帯留め。
浴衣に合わせてもキュート。

59
マリーゴールドの
イヤリング
-Earrings-

耳元で揺れるビーズが優雅なイヤリングは、
エレガントなデザインなので、
特別な日のお出かけにも。

How to Make　P.42

62

60~64
チューリップとスズランのピアス
-Earrings-

How to Make **60・61**　P.93
How to Make **62~64**　P.94

60

61

64

63

ミニチュア刺繍枠のような、
スパンコールの縁取りがかわいいピアス。
お花の刺繍は、
ポップなデフォルメで仕上げました。

実物大の図案

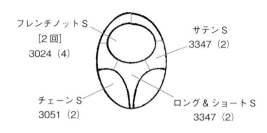

フレンチノットS
[2回]
3024（4）

サテンS
3347（2）

チェーンS
3051（2）

ロング＆ショートS
3347（2）

※**39～42、44～50** の色の
バリエーションについては P.85 で解説しています。

［材料・道具］

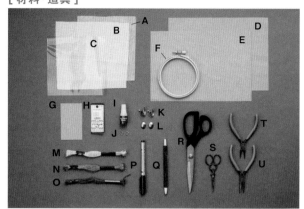

A…接着芯（13×13 cm）
B…シーチング（13×13 cm）
C…セロファン
　（図案よりひとまわり大きいサイズ）
D…トレーシングペーパー
E…チャコペーパー

F…刺繍枠
G…厚紙
　（約9×5 cm・名刺サイズ）
H…刺繍針（7号）
I…瞬間接着剤

J…丸カン（8 mm）2個
K・L…銅板つきイヤリング金具
　（楕円・2×2.5 cm）　1組
M…刺繍糸：3024（白）
N…刺繍糸：3347（薄い緑）
O…刺繍糸：3051（濃い緑）

P…チャコペン
Q…トレーサー
R…裁ちばさみ
S…糸切りばさみ
T…丸ヤットコ
U…平ヤットコ

1. トップパーツを作る

1

P.42 の 1～3 を参照して、図案を布に転写し、刺繍枠にセットする。

2

サテンS を刺す部分に、図案を見ながら補助線を入れる。

3

刺繍糸を2本取りで針に通し、玉結びをする。サテンS の補助線を入れたところの裏側から刺す。

4

補助線を意識しながら、放射線状になるようにサテンS を刺していく。

5

補助線の終わりまでサテンS が刺せたところ。

6

残りの部分はロング＆ショートS を刺して埋めていく。

7

1 ラインざっくり刺す。

8

7 の間を埋めるようにさらに刺す。

9

7〜8 を繰り返して残りを埋める。

10

糸の始末をする。裏側に出した針をステッチ部分に何回かくぐらせて、余分な糸をカットする。

11

4 本取りで玉結びした糸を裏側から出し、2 回巻きのフレンチノット S を刺す。(刺し方は P.51 参照)

12

まず外側を一周刺す。

13

外側から内側へ向かって、隙間なく刺す。終わったら、10 と同様に糸端の始末をする。

14

2 本取りで玉結びした刺繍糸を裏側から出し、チェーン S を刺していく。

15

14 で針を出したすぐきわに針を入れ、少し間を開けて針を出す。

16

出した針に糸をかける。輪っかの部分がふわっとなるように、あまり強く糸を引きすぎないように注意する。

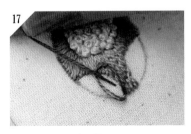

17

そのまま針を引き抜く。

18

15〜17 を繰り返して、葉の部分を外側から内側へと埋めていく。

19

刺し終えたら、10 と同様に糸端の始末をする。

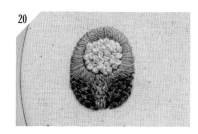

20

反対側も同様にチェーンSを刺す。

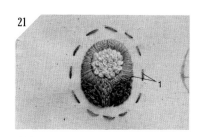

21

刺繍枠から外し、別の糸を用意して玉止めし（1本取り）、図案の周りから1cmのところをぐし縫いする。縫い終わりは玉止めはせず、糸はそのまま続けておく。

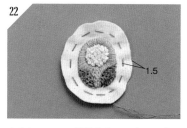

22

さらに 1.5 cm外側をカットする。残している糸までカットしないように注意する。

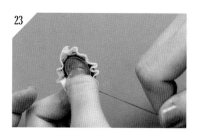

23

図案の裏側に銅板（丸みのある方を布地側にする）をセットし、ぐし縫いした糸の先を引っ張って包む。

24

布端をまとめて縫いとめる。

2. タッセルパーツを作る

25

縫えたところ。

26

イヤリング金具に瞬間接着剤をつけ、トップパーツを貼る。

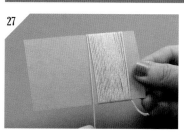

27

タッセルを作る。
厚紙に刺繍糸（3024）を 6 本取りで 25 回巻きつける。

28

同じ色の糸を 10 cm程度にカットし、巻いた糸の中に通す。

29

固結びをしてしっかり固定する。糸端は巻きつけた糸にまぎれさせる。

30

平ヤットコと丸ヤットコを使い、丸カンを前後にずらしすき間をあける。

31
丸カンの中にタッセルを入れて、丸カンのすき間を戻す。29 の結び目はタッセルの中に隠す。

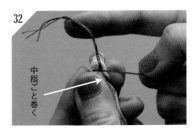

中指ごと巻く

32
刺繍糸（3051）3 本取りを 10～15 ㎝用意し、少し端を余らせた状態で丸カンの根元に巻きつける。1 周目は中指ごと巻く。

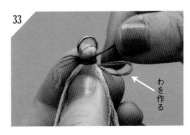

わを作る

33
中指を引き抜いてわを作り、そのまま4 回巻く。

34
最初に余らせた端をわに通す。

35
しっかり引き締め、結び目を中に送る。

36
余った糸を根元でカットし、糸がほつれないよう接着剤を結び目につける。

37
タッセル下側のわになっている部分にはさみを通し、カットする。

38
くしを使って房を整える。

39
36 の結び目から 3.5 ㎝の位置で糸端を切りそろえる。

3. パーツを組み合わせる

40
タッセルのできあがり。

41
平ヤットコと丸ヤットコを使い丸カンを広げ、イヤリング金具につける。

できあがり。

イヤリング（型なし）の作り方 <small>（P.35 50「マリーゴールドのイヤリング」で解説）</small>

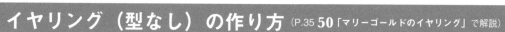

実物大の図案

フレンチノットS
［3回］
729（4）

完成図

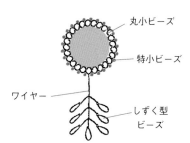

丸小ビーズ

特小ビーズ

ワイヤー

しずく型
ビーズ

［材料・道具］

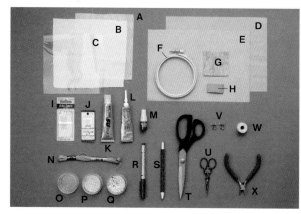

A…接着芯（13×13 cm）
B…シーチング（13×13 cm）
C…セロファン
　　（図案よりひとまわり大きいサイズ）
D…トレーシングペーパー
E…チャコペーパー
F…刺繍枠
G…厚手フェルト
　　（2 mm厚・6×3 cm）
H…スエード
　　（約3 mm厚・6×3 cm）
I…刺繍針（10号）
J…刺繍針（7号）
K…多用途接着剤

L…手芸用接着剤
M…瞬間接着剤
N…刺繍糸：729（黄）
O…特小ビーズ（金）
P…丸小ビーズ（白）
Q…しずく型ビーズ（白）
R…チャコペン
S…トレーサー
T…裁ちばさみ
U…糸切りばさみ
V…イヤリング金具
W…アーティスティック
　　ワイヤー（#28）
X…ニッパー

1. トップパーツを作る

1

シーチングの裏に接着芯をアイロンで貼る。熱がしっかり冷めるまで動かさずに置いておく。

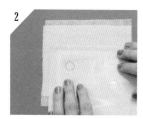

2

トレーシングペーパーに図案を写し、シーチング→チャコペーパー→トレーシングペーパー→セロハンの順に重ねる。

3

上からトレーサーで図案をなぞり、シーチングに転写する。

4

シーチングに図案が転写できたところ。

5

2・3と同様に厚手のフェルトにも図案を転写する。
図案が薄い場合は、チャコペンなどでなぞる。

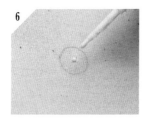

6

6のフェルトの仮止めとして、4の図案の中心に1滴手芸用接着剤をつける。

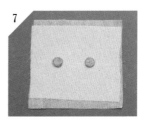

7

5を図案に沿ってカットし、6に貼る。

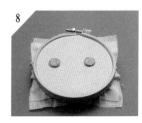

8

7を刺繍枠に挟む。図案が中央にくるようにピンとはる。

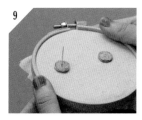

9

7号針に3本取りで糸を通して玉結びして図案の中央裏側から出し、3回巻きのフレンチノットSを刺す。
（刺し方はP.51参照）

10

フレンチノットSを1つ刺せたところ。

11

9を繰り返し、フェルトの上を埋めていく。フェルトの側面にも刺して、立体感を出す。

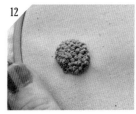

12

フレンチノットSを全て刺したところ。

13

糸を裏側に出し、裏に見えている糸に針を何回かくぐらせる。

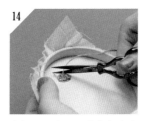

14

糸切りはさみで余分な糸をカットする。

15

シーチングを刺繍枠から外し、モチーフから2cm外側に折り代の印をつける。

16

印に沿ってカットする。

17

折り代に等間隔に切り込みを入れていく。

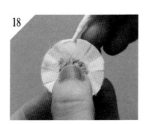

18

布端に手芸用接着剤をつける。

19

折り代をモチーフの裏側に折る。

20

表側から見たところ。
布地が表から見えないようきれいに折り込む。

21

10号針に変え2本取りで端を玉結びし、裏側中央に針を入れ、ステッチのきわから針を出す。

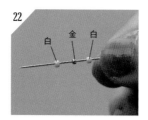

22

白　金　白

ビーズを白（丸小）→金（特小）→白（丸小）の順に針に通す。

23

糸の根元までビーズを移動する。

24

進行方向

ビーズを進行方向（向かって右）に倒す。

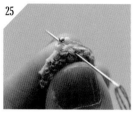

25

先頭のビーズの位置に、表側から針を刺す。

26

糸を引いたところ。

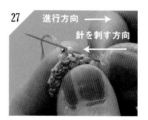

27

進行方向
針を刺す方向

進行方向とは逆側から、先頭のビーズに針を通す。

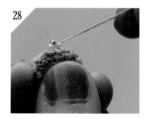

28

糸を進行方向に引いて、ビーズの形を整える。

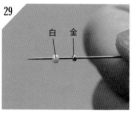

29

白　金

丸小ビーズを金→白の順に針に通す。

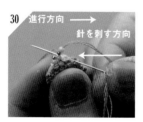

30

進行方向
針を刺す方向

進行方向とは逆側から、先頭のビーズに針を通す。

31

針を右側の白いビーズに通す。

32

糸を進行方向に引いて、ビーズの形を整える。

33

31～34を繰り返し、一周ビーズを縫いつけていく。

34

最後の金ビーズを通したら、最初の白ビーズに針を通す。

35

裏側の布地に針を通し、玉止めする。

36

糸切りばさみで余分な糸をカットする。

41

スエードに図案を写し、印に沿って切る。

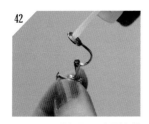

42

イヤリング金具に瞬間接着剤を付ける。

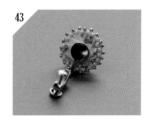

43

42 をモチーフの裏の中心に貼り付ける

44

多用途用接着剤を多めにつける。

2. ワイヤーで葉を作る

45

44 の上に 41 のスエードを貼る。

46

イヤリング金具を閉じてスエードを押さえ、接着剤が乾燥するまで置いておく。

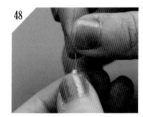

47

ワイヤーを 25 ㎝にカットし、しずく型ビーズを通して半分に折る。

48

ビーズを持って、4 回ねじる。

49

しずく型ビーズを片側に通し、根元から1㎝ほどあけて折り返す。

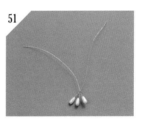

50

ビーズを 4 回ねじる。

51

反対側も同様にビーズを入れ 4 回ねじる。

52

3 つのビーズを持ち、5 回ねじる。

3. パーツを組み合わせる

53

49〜52 を繰り返し、残り4 つのしずく型ビーズをつける。

54

イヤリング金具に 53 を引っ掛ける。

55

ワイヤーをねじって固定し、余った部分はニッパーでカットする。

できあがり。

仕立てのバリエーション

いろいろな縁取り飾りの仕立て方があります。好みの図案と組み合わせて、アレンジを楽しんで。

A P.30 **51** イヤリングに使用している仕立て方。ビーズ3つを通しながらブランケットSを刺していきます。
（仕立て方は P.88 参照）

B P.31 **52** ブローチに使用している仕立て方。ビーズ1つを通しながらブランケットSを刺していきます。
（仕立て方は P.87 参照）

C Bの方法で、ビーズを横に押し倒しながら縫っていく仕立て方。ビーズの穴やステッチの糸がきわ立ち、Bとはまた違った表情が出ます。

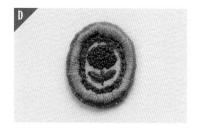

D P.33 **53**〜**57** ブローチに使用している仕立て方。ブランケットSを隙間なく刺して周りをかがります。
（仕立て方は P.91 参照）

E P.35 **59** イヤリングに使用している仕立て方。丸小ビーズと特小ビーズを組み合わせた、繊細な飾りです。
（仕立て方は P.44 参照）

F P.37 **61・62** ピアスに使用している仕立て方。スパンコールを一周縫いつけた、ゴージャスな仕上がりです。（仕立て方は P.93 参照）

解説付き仕立て方のバリエーション・A

＊掲載の作品には使用していない仕立て方ですが、お好みで組み合わせて作品制作を楽しんでください。

一周ビーズを縫い付けた後、ブランケットSでかがっていく仕立て方です。ビーズの隙間を利用してブランケットSを刺していくので、均等に美しく仕上げることができます。初心者さんにもおすすめの仕立て方です。

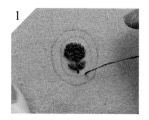

1 2本取りの刺繍糸を玉結びして、裏側から出す。

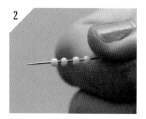

2 丸小ビーズを4つ針に通す。

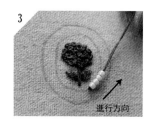

3 ビーズを糸の根元まで移動し、図案進行方向に沿わせる。

進行方向

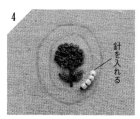

4 先頭のビーズの位置に針を入れ、裏側に出す。

針を入れる

5
ビーズ2個分戻り、裏側から針を出す。

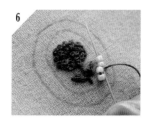

6
先頭2個のビーズに再度針を通す。

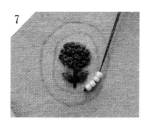

7
糸を引いたところ。

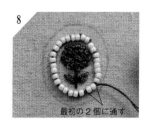

8
2〜7を繰り返し、一周分ビーズを縫いつける。最後は最初のビーズ2個に通す。

最初の2個に通す

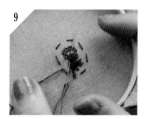

9
縫い目のきわに刺して針を裏側に出し、ステッチ部分に針を何回かくぐらせて余分な糸をカットする。

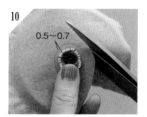

10
ビーズから0.5〜0.7cm外側に印をつけ、さらに余白をつけて布地をカットする。

0.5〜0.7

11
厚手フェルトを重ね、10でつけた印の位置でまとめてカットする。

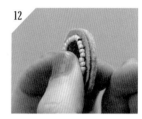

12
フェルトと一緒にカットできたところ。

13
3本取りでブランケットS（P.91参照）で周りをかがる。布地の裏側から針を刺し、ビーズの内側に針を出す。

14
ビーズ1つ分左隣、ビーズの内側に針を刺す。

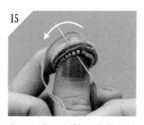

15
右から左へと針に糸をかける。

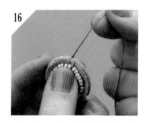

16
ビーズとビーズの間に糸がくるように調整しながら、糸を引き締める。（ブランケットSが1目完成）

17
さらに1つ分左隣のビーズの内側に針を刺す。

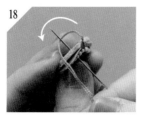

18
右から左へと糸を針にかける。

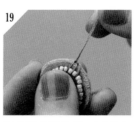

19
糸を引き締める。（ブランケットSが2目完成）

17〜19を繰り返し、一周分ブランケットSを刺す。最後はP.44 34〜36と同様に糸の始末をする。

解説付き仕立て方のバリエーション・B

表から見たときに、ビーズが横に並び穴が外側を向く仕立て方です。
糸が外側に出てアクセントになるので、色選びにこだわってみてください。

1

モチーフより 0.5〜0.7 cm外側に印をつけ、さらに余白をつけて布地をカットする。余白部分に等間隔に切り込みを入れる。

2

余白部分に手芸用接着剤をつけ、裏側に折る。

3

厚手フェルトをモチーフと同型にカットする。

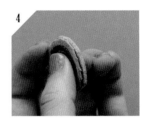

4

2 の裏側に接着剤で貼る。

5

2 本取りで玉結びした刺繍糸を、モチーフの裏側から針を入れ、側面から針を出す。

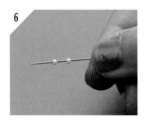

6

針を引き抜き、丸小ビーズを 2 つ針に通す。

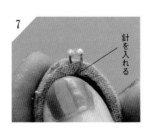

7

ビーズを根元まで移動し、モチーフのきわに針を入れる。

針を入れる

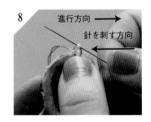

8

進行方向
針を刺す方向

右側のビーズに針を通す。

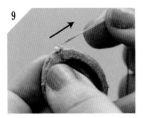

9

引き締めたところ。

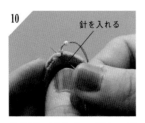

10

針を入れる

丸小ビーズを 1 つ通し、モチーフのきわに針を入れる。

11

1 つ前のビーズに再度針を通して、糸を引き締める。

12

10〜11 を繰り返し、一周分刺す。最後は P.44 34〜36 と同様に糸の始末をしてできあがり。

掲載作品の作り方と実物大の図案

- 刺繍糸は、特に表記のないものはすべて
  DMC25番刺繍糸を使用しています。
- 大きさなど数値の単位はすべてcm。
- 寸法は目安です。バランスをみながら
  アレンジを楽しんでください。

図案の表記の見方

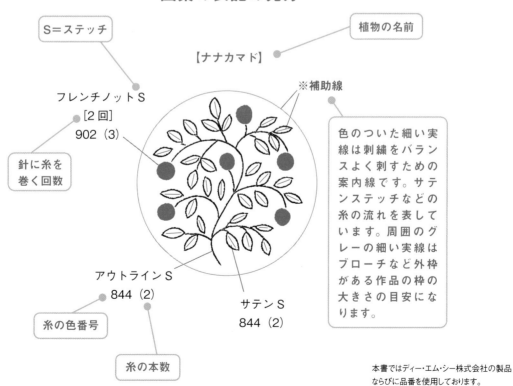

S=ステッチ

植物の名前

【ナナカマド】

※補助線

フレンチノットS
[2回]
902（3）

針に糸を
巻く回数

色のついた細い実線は刺繍をバランスよく刺すための案内線です。サテンステッチなどの糸の流れを表しています。周囲のグレーの細い実線はブローチなど外枠がある作品の枠の大きさの目安になります。

アウトラインS
844（2）

糸の色番号

サテンS
844（2）

糸の本数

本書ではディー・エム・シー株式会社の製品ならびに品番を使用しております。

ストレートS

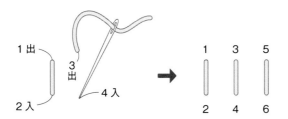

放射状に刺す場合

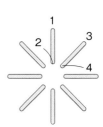

アウトラインS

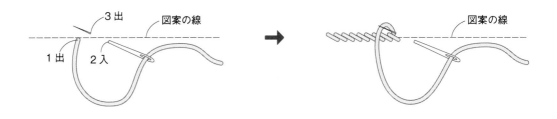

バックS

チェーンS

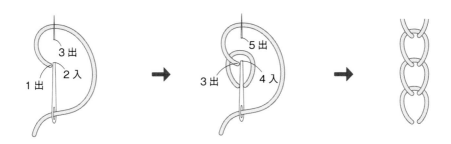

レゼー（デイジー）＋ストレートS

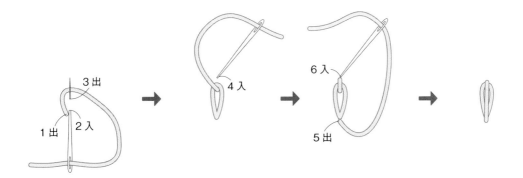

フレンチノットS

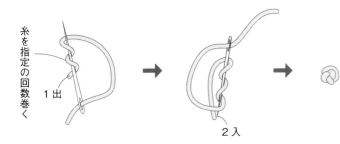

サテンS

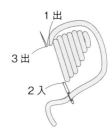

レイズドフィッシュボーンS

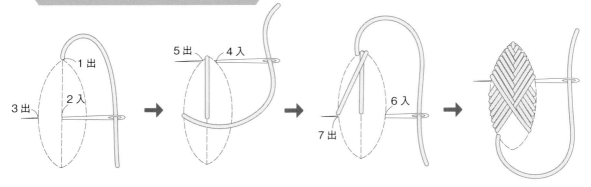

ボタンホールS

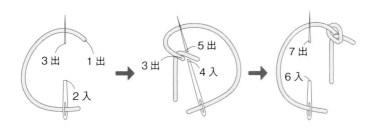

ロング＆ショートS

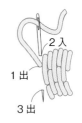

接着剤の使い分け

刺繍アクセサリーを制作する中で使用する接着剤は、
用途にあわせて種類を使い分けることがきれいに仕上げるためのポイント。

広い面を強力に接着

**多用途接着剤
（弾性接着剤）**

透明で粘度のあるタイプの接着剤。乾くまでに時間がかかるが、接着力は強い。細かいパーツの接着にはあまり向いていない。広い面を接着するときに使用する。

仮止めや布を接着

**手芸・木工用
接着剤**

白い液体で、乾くと無色透明になるタイプ。紙や布、木などを接着するのに向いている。接着力はやや弱いので、パーツの仮止めや、布地を折り込む時に使用する。

金具など細かいパーツの接着

瞬間接着剤

すぐに乾き、強力。容器の先端がとがっており、細かいパーツを接着するのに向いている。主に金具（イヤリング金具・9ピンなど）の接着に使用する。また、無色透明なので、糸を誤って切ってしまった時の応急処置としても使用できる。

イヤリング・ピアス金具の使い分け

刺繍アクセサリーに欠かせない、アクセサリー金具。本書に掲載しているパーツをご紹介。
金具を変えることで、ピアス・イヤリングどちらにも対応が可能。

**ピアス金具
丸皿 8-10mm タイプ**

ピアス金具は丸皿タイプのものを使用。幅が広いほうが、接着面が広いので安定する。
P36・37 **60〜64** の作品は、平皿の下に丸カンがついてるものを使用。（右図）

**イヤリング金具
ネジバネ式　8mm 貼り付けタイプ**

イヤリング金具は、ネジバネ式の貼り付けタイプを使用。ネジを調節することで、耳の厚みにあわせて幅を変えることが可能。耳が痛くなりがちな方は、シリコンのカバーを使用すればつけ心地が良くなるのでおすすめ。

ハンカチ

刺繍糸…………… 【**01** 赤】 　　【**02** 黒】 　　【**03** ピンク】

　　　　　　　　22（赤）　　　310（黒）　　　224（ピンク）

　　　　　　　　3051（緑）　　　　　　　　　3799（緑）

材料 ………………………… 好みのハンカチ（作品に使用のハンカチは 39×39 ㎝）

作り方　　（**1**）　P.42 2・3を参照して好みの位置に図案を写し、刺繍する。

刺し方のポイント

・茎を最初に刺してから、花部分を刺す。

※掲載の作品の参考寸法です

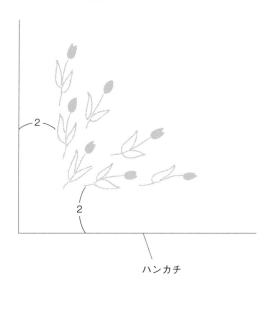

2

2

ハンカチ

実物大の図案

【チューリップ】

サテンS（2）
01 22
02 310
03 224

アウトラインS（1）
01 3051
02 310
03 3799

04 エコバッグ

刺繍糸·················· 612（黄）

310（黒）

934（濃い緑）

材料 ·························· 好みのバッグ

（作品に使用のバッグは 42×42 ㎝）

作り方 P.42 2・3を参照し、バッグの好みの位置に図案を写し、刺繍する。

刺し方のポイント

・**カルーナ**：最初に茎を刺してから、バランスを見ながら花びらを刺す。

・**リンドウ**：花の部分は、チェーンSを外側から内側に向かって刺す。（図1）

・**アリッサム**：花びらを先に刺してから、空白を埋めるようにしてフレンチノットSを刺す。

・**オミナエシ**：茎部分をすべて刺してから、先端にあわせてフレンチノットSを刺す。

・**コスモス**：花びらは、サテンSを平行に刺す。（図2）

つぼみは力加減に気を付けてふんわりさせる。

図1

図2

※掲載の作品の参考寸法です

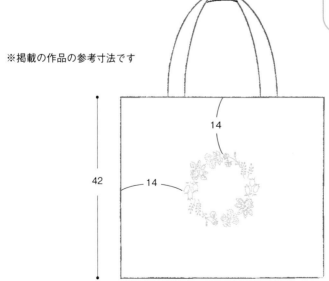

実物大の図案

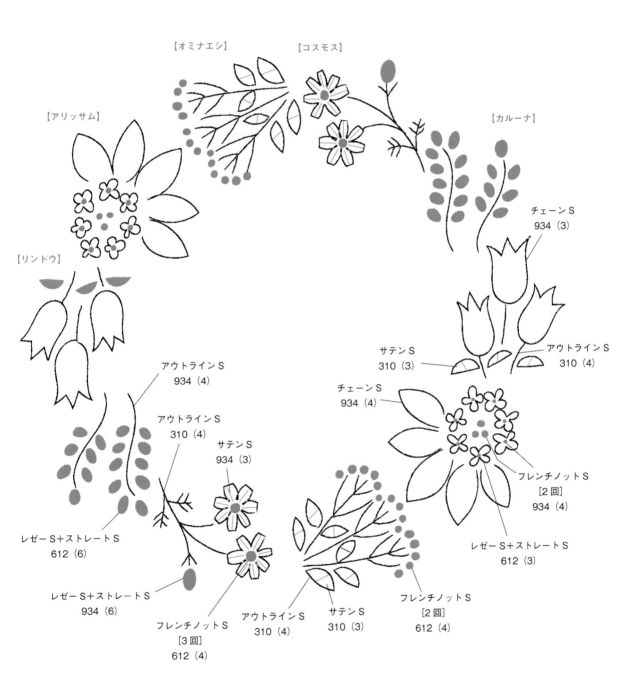

【オミナエシ】　【コスモス】

【アリッサム】

【カルーナ】

チェーンS
934（3）

【リンドウ】

サテンS
310（3）

アウトラインS
310（4）

アウトラインS
934（4）

チェーンS
934（4）

アウトラインS
310（4）

サテンS
934（3）

フレンチノットS
［2回］
934（4）

レゼーS＋ストレートS
612（6）

レゼーS＋ストレートS
612（3）

レゼーS＋ストレートS
934（6）

フレンチノットS
［3回］
612（4）

アウトラインS
310（4）

サテンS
310（3）

フレンチノットS
［2回］
612（4）

05 エコバッグ

刺繍糸················· 612（黄）　　642（薄いグレー）
　　　　　　　　　3857（赤）　　3011（濃い緑）
　　　　　　　　　3371（こげ茶）

材料 ·························· 好みのバッグ
　　　　　　　　　（作品に使用のバッグは 42×42㎝）

作り方　　P.42 2・3 を参照し、バッグの好みの位置に図案を写し、刺繍する。

刺し方のポイント

・ブルニア：茎部分をすべて刺してから、先端にあわせてフレンチノットＳを刺す。

・ライスフラワー：茎を刺してから、葉を刺す。最後に、フレンチノットＳで花部分を埋める。

・カンガルーポー：茎を刺してから、花部分を刺す。最後に、がく片をサテンＳで刺す。

・セルリア：茎を刺してから、葉を刺す。最後に、チェーンＳとサテンＳで花部分を埋める。

・ピンクッションタンゴ：茎はつながっていないので、飛び飛びで刺す。
　「ピン」の部分は、「針」を全て刺してから、先端に「ピン」を刺す。

・ユーカリベルガムナッツ：茎を刺してから、葉を刺す。最後に実をサテンＳで埋める。

・ユーカリエキゾチカ：茎をすべて刺してから、先端に実を刺す。
　力加減に気を付けてふんわりさせる。

・ワックスフラワー：花の部分は、周りのノットを５つすべて
　刺してから、最後に真ん中を埋めるとバランスがとりやすい。

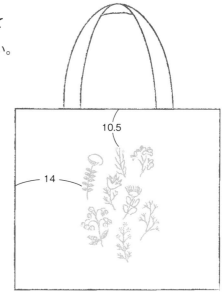

10.5

14

42

42

※掲載の作品の参考寸法です

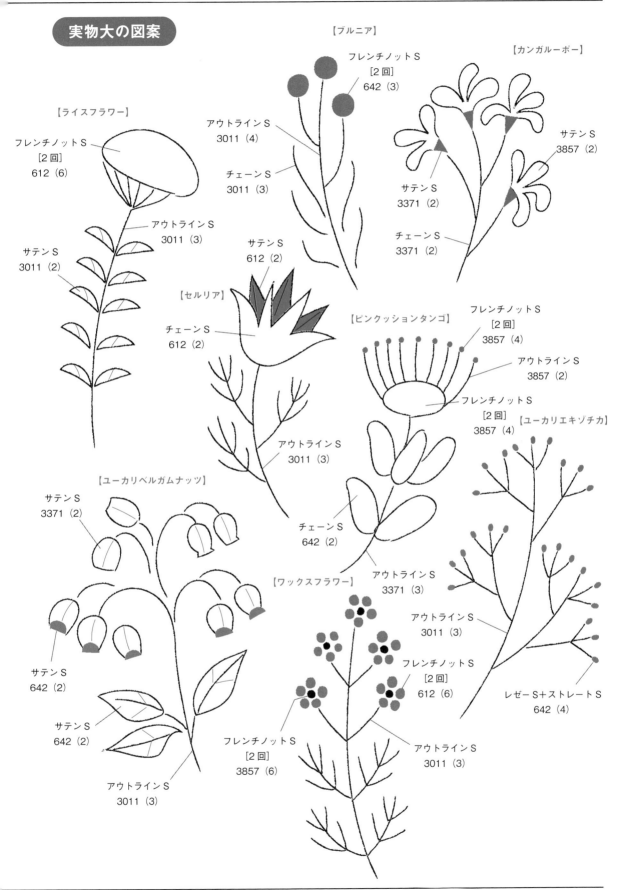

【ブルニア】

フレンチノットS
[2回]
642（3）

【カンガルーポー】

アウトラインS
3011（4）

チェーンS
3011（3）

サテンS
3857（2）

サテンS
3371（2）

チェーンS
3371（2）

【ライスフラワー】

フレンチノットS
[2回]
612（6）

アウトラインS
3011（3）

サテンS
3011（2）

サテンS
612（2）

【セルリア】

チェーンS
612（2）

【ピンクッションタンゴ】

フレンチノットS
[2回]
3857（4）

アウトラインS
3857（2）

フレンチノットS
[2回]
3857（4）

【ユーカリエキゾチカ】

アウトラインS
3011（3）

チェーンS
642（2）

【ユーカリベルガムナッツ】

サテンS
3371（2）

サテンS
642（2）

サテンS
642（2）

アウトラインS
3011（3）

【ワックスフラワー】

アウトラインS
3371（3）

アウトラインS
3011（3）

フレンチノットS
[2回]
612（6）

レゼーS＋ストレートS
642（4）

フレンチノットS
[2回]
3857（6）

アウトラインS
3011（3）

06 コップ袋

※掲載の作品の参考寸法です

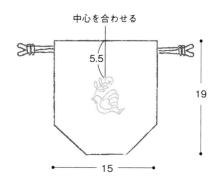

刺繍糸⋯⋯⋯⋯⋯ 3033（白）
729（黄）
934（緑）
642（薄いグレー）

材料 ⋯⋯⋯⋯⋯⋯⋯⋯ 好みの巾着
（作品に使用の巾着は 15×19 ㎝）

作り方　　P.42 2・3 を参照し、好みの位置に図案を写し、刺繍する。

刺し方のポイント

・バラ：茎を刺してから葉を刺す。花部分は、チェーンSで埋めてから最後にバランスを見つつ、
　　　ストレートSで線を入れる。（図1）

・ハト：とがっている部分（くちばしや尾）と、丸みがある部分（お腹やつばさ）を意識しながら刺す。
　　　チェーンSで土台を埋めて、上からアウトラインSで線を入れる。（図2）

実物大の図案

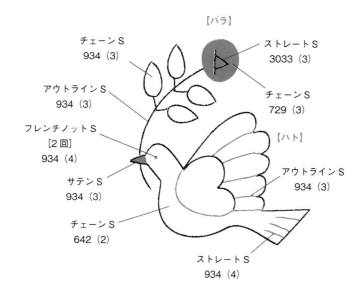

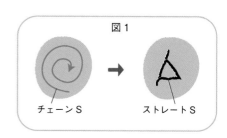

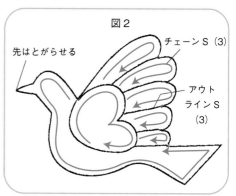

07 ランチバッグ

※掲載の作品の参考寸法です

刺繍糸················ 3033（白）
　　　　　　　　902（赤）
　　　　　　　　730（黄緑）
　　　　　　　　934（緑）
　　　　　　　　642（薄いグレー）

材料 ····················· 好みの巾着
　　　　　　　　（作品に使用の巾着は 28×19 cm）

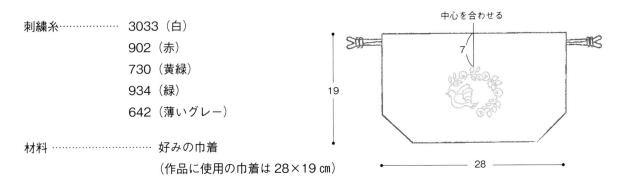

中心を合わせる
7
19
28

作り方　①　P.42 2・3 を参照し、好みの位置に図案を写し、刺繍する。

刺し方のポイント

・バラ：茎を刺してから葉を刺す。花部分は、チェーン S で埋めてから最後にバランスを見つつ、
　　　　ストレート S で線を入れる。（P.58 図 1 参照）

・ハト：とがっている部分（くちばしや尾）と、丸みがある部分（お腹やつばさ）を意識しながら刺す。
　　　　チェーン S で土台を埋めて、上からアウトライン S で線を入れる。（P.58 図 2 参照）

 実物大の図案

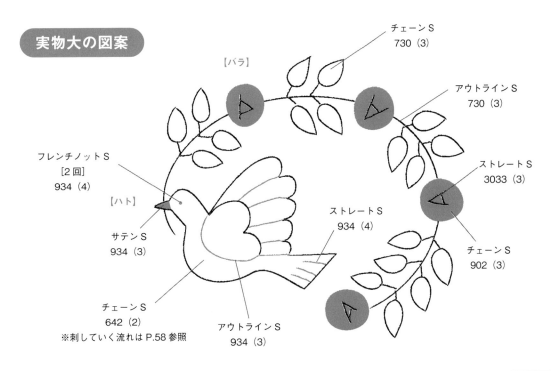

チェーン S
730（3）

アウトライン S
730（3）

ストレート S
3033（3）

チェーン S
902（3）

ストレート S
934（4）

アウトライン S
934（3）

[バラ]

フレンチノット S
[2 回]
934（4）

[ハト]

サテン S
934（3）

チェーン S
642（2）

※刺していく流れは P.58 参照

08 フレーム図案

実物大の図案

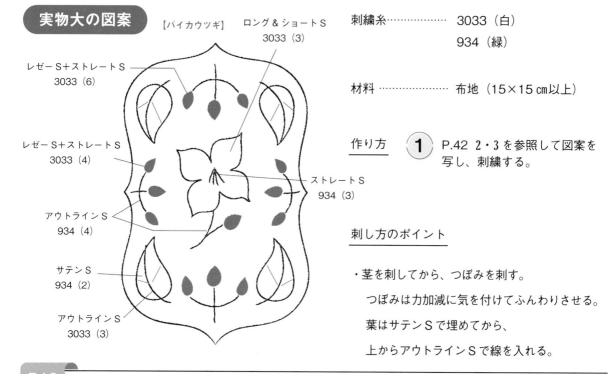

【バイカウツギ】

ロング＆ショートS
3033（3）

レゼーS＋ストレートS
3033（6）

レゼーS＋ストレートS
3033（4）

ストレートS
934（3）

アウトラインS
934（4）

サテンS
934（2）

アウトラインS
3033（3）

刺繍糸‥‥‥‥‥‥‥　3033（白）

934（緑）

材料‥‥‥‥‥‥‥　布地（15×15 cm以上）

作り方　①　P.42 2・3を参照して図案を
写し、刺繍する。

刺し方のポイント

・茎を刺してから、つぼみを刺す。

つぼみは力加減に気を付けてふんわりさせる。

葉はサテンSで埋めてから、

上からアウトラインSで線を入れる。

09 フレーム図案

実物大の図案

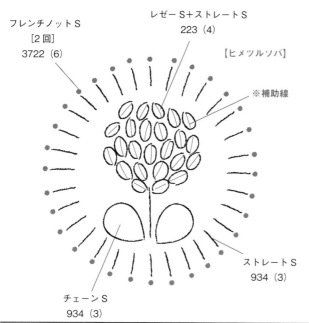

フレンチノットS
[2回]
3722（6）

レゼーS＋ストレートS
223（4）

【ヒメツルソバ】

※補助線

ストレートS
934（3）

チェーンS
934（3）

刺繍糸‥‥‥‥‥‥　223（薄いピンク）

3722（濃いピンク）

934（緑）

材料‥‥‥‥‥‥‥　布地（15×15 cm以上）

作り方　①　P.42 2・3を参照して図案を
写し、刺繍する。

刺し方のポイント

・フレーム部分は、最初にストレートSで線を
入れてから、先端にフレンチノットSを刺す。
花の部分は、つぶ同士がくっつきすぎないよう
注意しながら刺す。

P.10
10 フレーム図案

刺繍糸…………………… 902（赤）
647（薄い緑）
934（濃い緑）
3033（白）

材料 ………………………… 布地（15×15 cm以上）

作り方　① P.42 2・3 を参照して図案を写し、刺繍する。

刺し方のポイント

・花は最初にサテンSを刺してから、バックSで花の輪郭を刺す。
・2重になっているフレームの線は、最初に太い外周を刺してから中に細い線を入れると、バランスがとりやすい。

実物大の図案

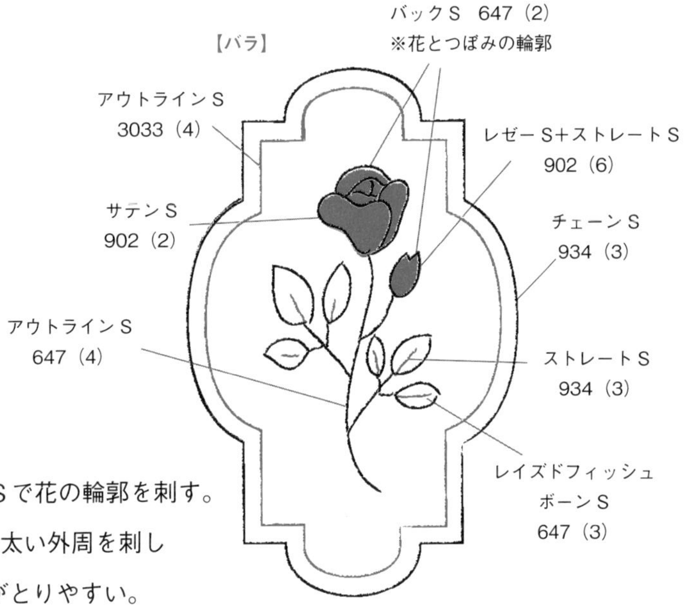
【バラ】
バックS　647（2）
※花とつぼみの輪郭
アウトラインS
3033（4）
レゼーS+ストレートS
902（6）
サテンS
902（2）
チェーンS
934（3）
アウトラインS
647（4）
ストレートS
934（3）
レイズドフィッシュ
ボーンS
647（3）

P.10
11 フレーム図案

刺繍糸…………………… 10（薄い黄）
535（グレー）

材料 ………………………… 布地（15×15 cm以上）

作り方　① P.42 2・3 を参照して図案を写し、刺繍する。

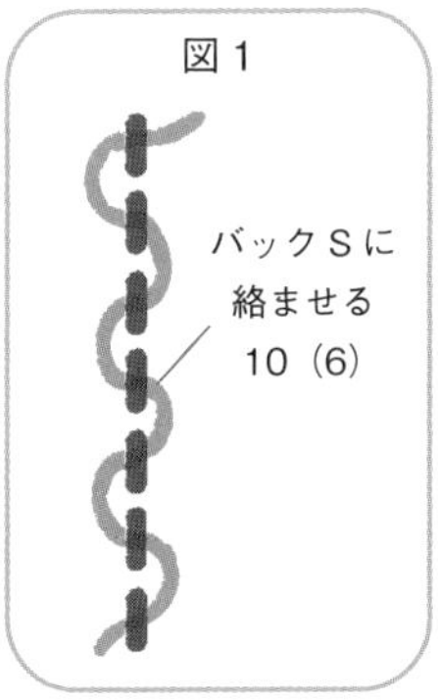
図1
バックSに
絡ませる
10（6）

刺し方のポイント

・フレーム部分は、最初にバックSで線を入れる。
線の長さが均等になるようにすると仕上がりが美しくなる。
次に、バックS部分に糸を絡ませていく。
力加減に気を付けて、ふんわりさせるようにする。（図1）

実物大の図案

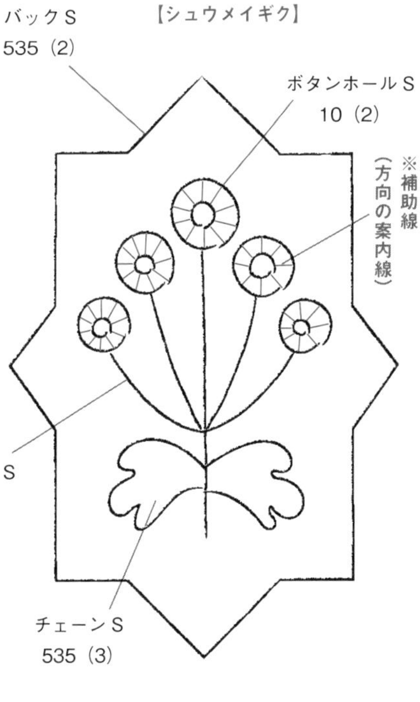
【シュウメイギク】
バックS
535（2）
ボタンホールS
10（2）
※補助線（方向の案内線）
アウトラインS
535（4）
チェーンS
535（3）

フレーム図案

実物大の図案

【ミモザ】

アウトラインS
612（6）

フレンチノットS
［2回］
612（4）

アウトラインS
535（6）

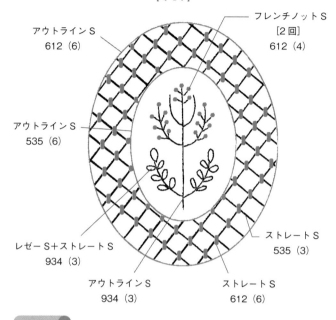

レゼーS＋ストレートS
934（3）

アウトラインS
934（3）

ストレートS
612（6）

ストレートS
535（3）

刺繍糸················· 612（黄）

535（グレー）

934（濃い緑）

材料 ···················· 布地（15×15cm以上）

作り方 　①　P.42 2・3を参照して図案を
写し、刺繍する。

刺し方のポイント

・最初に茎をすべて刺す。茎の先端に花
（フレンチノットS）をつける。残りは、
バランスを見ながらランダムに花を散らす。

フレーム図案

実物大の図案

フレンチノットS
［2回］
3866（2）

【カスミソウ】

チェーンS
3364（3）

刺繍糸················· 3364（緑）

3866（白）

材料 ···················· 布地（15×15cm以上）

作り方 　①　P.42 2・3を参照して図案を
写し、刺繍する。

刺し方のポイント

・花のフレンチノットSは1つ1つをくっつ
けないように刺す。外側をまず刺してから中を
埋めていくと良い。

ストレートS
3364（2）

外側から
位置を
決めていく

14 ブックカバー

※実物大の図案ではありません。
図案は P.62 を参照。

刺繍糸⋯⋯⋯⋯⋯ 754（黄）

452（薄い紫）

523（薄い緑）

アウトライン S
754（6）

フレンチノット S
［2回］
754（4）

アウトライン S
452（6）

レゼー S＋ストレート S
523（3）

ストレート S
452（3）

アウトライン S
523（3）

ストレート S
754（6）

材料 ⋯⋯⋯⋯⋯⋯ 好みのブックカバー

（作品に使用のブックカバーは 17×11.5 ㎝）

作り方 ① P.42 2・3を参照して好みの位置に
図案を写し、刺繍する。

刺し方のポイント

・1つの図案を並べて刺す場合、1つ1つの図案を転写するのではなく、予め並べた図案を
用意してから転写するとバランスが取りやすい。

・花モチーフの刺し方のポイントについては P.62 **12**【ミモザ】を参照。

※掲載の作品の参考寸法です

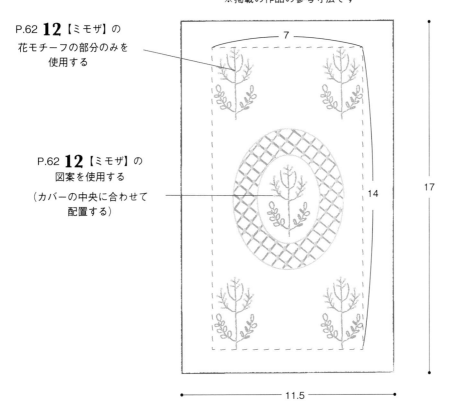

P.62 **12**【ミモザ】の
花モチーフの部分のみを
使用する

P.62 **12**【ミモザ】の
図案を使用する
（カバーの中央に合わせて
配置する）

7

14

17

11.5

15 ペンケース

刺繍糸················· 950（ピンク）

844（グレー）

材料 ····························· 好みのペンケース（作品に使用のペンケースは 19×9.5 ㎝）

作り方 **1** P.42 2・3 を参照して好みの位置に図案を写し、刺繍する。

刺し方のポイント

・ピンポンマム：茎を刺してから、花を刺す。

　フレンチノット S は、外側から内側に埋めるようにする。

・スプレーマム：葉のサテン S は、向きに気を付けながら刺す。

※掲載の作品の参考寸法です

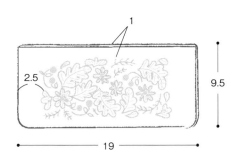

実物大の図案

【ピンポンマム】
フレンチノット S
［2 回］
950（3）

サテン S
844（3）

【スプレーマム】
フレンチノット S
［2 回］
844（3）

ストレート S
844（3）

アウトライン S
844（3）

サテン S
950（3）

アウトライン S
844（3）

サテン S
844（3）

ファブリックパネル

刺繍糸 ⋯⋯⋯⋯⋯ 【**16** ピンク】　【**17** グリーン】

712（白）　　　10（薄い黄）

3722（ピンク）　156（紫）

646（緑）　　　3363（緑）

413（グレー）　844（グレー）

材料 ⋯⋯⋯⋯⋯⋯⋯ 布地（15×20 ㎝程度）

好みのフレームやパネル（作品に使用のフレームは 16×11.5 ㎝）

作り方

1 P.42 2・3を参照して好みの位置に図案を写し、刺繍する。

2 フレームやパネルにはめ込む。

刺し方のポイント

・太い線から細い線へと刺してい
くと、バランスがとりやすい。
フレンチノットSの輪っかは、
ノット同士がくっつきすぎない
ように気を付ける。

アウトラインS（2）
16 646
17 3363

実物大の図案

アウトラインS（2）
16 3722
17 156

サテンS（2）
16 3722
17 156

アウトラインS（2）
16 413
17 844

ストレートS（2）
16 712
17 10

アウトラインS（2）
16 646
17 3363

フレンチノットS（2）
[2回]
16 712
17 10

ストレートS（2）
16 646
17 3363

アウトラインS（1）
16 413
17 844

アウトラインS（1）
16 413
17 844

フレンチノットS（2）
[2回]
16 3722
17 156

レゼーS＋ストレートS（2）
16 3722
17 156

アウトラインS（1）
16 3722
17 156

アウトラインS（1）
16 413
17 844

アウトラインS（1）
16 646
17 3363

18 一輪の花図案

実物大の図案

【スズラン】

アウトラインS
935（3）

アウトラインS
935（6）

フレンチノットS
［2回］
3033（4）

サテンS
3033（4）

アウトラインS
642（4）

チェーンS
935（2）

刺繍糸……………… 3033（白）
935（濃い緑）
642（薄いグレー）

材料 ………………… 布地（15×15 cm以上）

作り方 P.42 2・3を参照して図案を
写し、刺繍する。

刺し方のポイント

・葉の部分は、最初にチェーンSを刺してから
間をアウトラインSで埋める。

19 一輪の花図案

実物大の図案

【カンパニュラ】

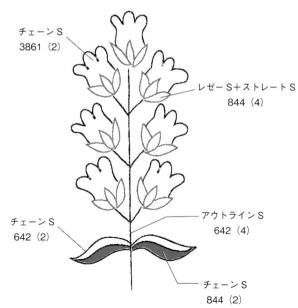

チェーンS
3861（2）

レゼーS＋ストレートS
844（4）

チェーンS
642（2）

アウトラインS
642（4）

チェーンS
844（2）

刺繍糸……………… 3861（ピンク）
642（緑）
844（グレー）

材料 ………………… 布地（15×15 cm以上）

作り方 P.42 2・3を参照して図案を
写し、刺繍する。

刺し方のポイント

・花の部分は最初にチェーンSで埋めてから、
がく片部分を重ねる。

20 一輪の花図案

刺繍糸……………… 156（青）
3363（薄い緑）
935（濃い緑）

材料 ……………… 布地（15×15 cm以上）

作り方 **1** P.42 2・3を参照して図案を写し、刺繍する。

刺し方のポイント

・花の部分は最初にチェーンSで埋めてから、
　上からアウトラインSで線を入れる。

実物大の図案

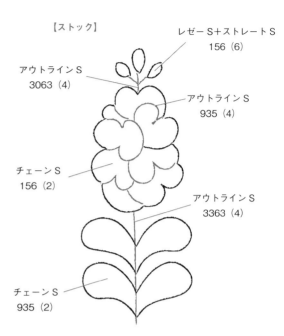

【ストック】

レゼーS＋ストレートS
156（6）

アウトラインS
3063（4）

アウトラインS
935（4）

チェーンS
156（2）

アウトラインS
3363（4）

チェーンS
935（2）

21 一輪の花図案

刺繍糸……………… 844（グレー）
642（緑）
3866（白）

材料 ……………… 布地（15×15 cm以上）

作り方 **1** P.42 2・3を参照して図案を写し、刺繍する。

刺し方のポイント

・袋の部分は、最初にアウトラインSを
　刺してから、上からチェーンSを刺す

実物大の図案

【シレネペンデュラ】

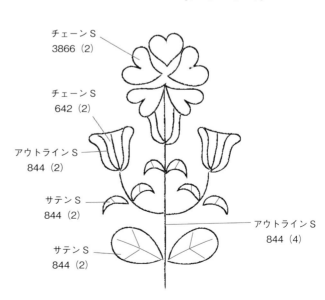

チェーンS
3866（2）

チェーンS
642（2）

アウトラインS
844（2）

サテンS
844（2）

サテンS
844（2）

アウトラインS
844（4）

一輪の花図案

実物大の図案

刺しゅう糸………… 3033（白）
730（緑）

【シャクヤク】

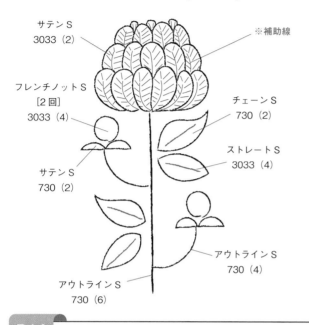

サテン S
3033（2）

※補助線

フレンチノット S
[2回]
3033（4）

チェーン S
730（2）

ストレート S
3033（4）

サテン S
730（2）

サテン S
730（2）

アウトライン S
730（4）

アウトライン S
730（6）

材料 ………………… 布地（15×15 cm以上）

作り方 P.42 2・3を参照して図案を写し、刺繍する。

刺し方のポイント

・花の部分は、サテン S の向きに気を付けながら刺す。面積が広い下のほうから、狭い上のほうへあがっていくように刺す。

一輪の花図案

実物大の図案

刺しゅう糸………… 522（薄い緑）
3363（濃い緑）
3822（黄）

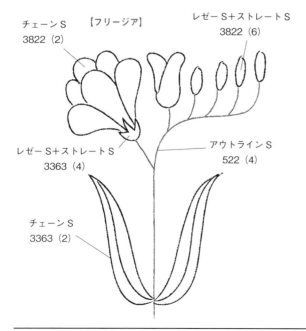

チェーン S
3822（2）

【フリージア】

レゼー S＋ストレート S
3822（6）

レゼー S＋ストレート S
3363（4）

アウトライン S
522（4）

チェーン S
3363（2）

材料 ………………… 布地（15×15 cm以上）

作り方 P.42 2・3を参照して図案を写し、刺繍する。

刺し方のポイント

・最初に茎を刺してから、先端につぼみと花を刺す。

24 エプロン

※実物大の図案ではありません。
図案は P.66 を参照。

刺しゅう糸‥‥‥‥ 3866（白）

535（グレー）

522（緑）

材料 ‥‥‥‥‥‥‥‥ 好みのエプロン

作り方　**1**　P.42 **2・3** を参照して図案を写し、刺繍する。

アウトラインS
535（3）

アウトラインS
535（6）

フレンチノットS
［2回］
3866（4）

サテンS
3866（4）

アウトラインS
522（4）

チェーンS
535（2）

刺し方のポイント

・1つの図案を並べて刺す場合、1つ1つの図案を転写するのではなく、予め並べた図案を
用意してから転写するとバランスが取りやすい。

・花モチーフの刺し方のポイントについては P.66 **18**【スズラン】 参照。

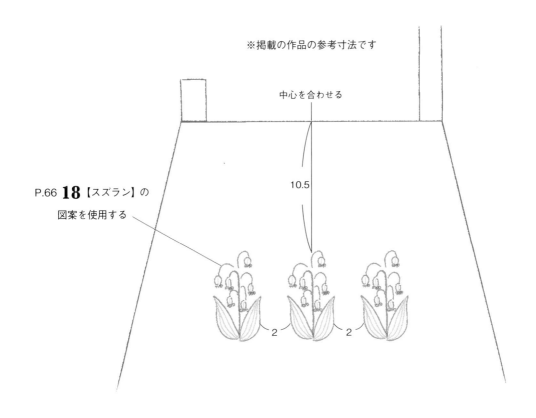

※掲載の作品の参考寸法です

中心を合わせる

P.66 **18**【スズラン】の
図案を使用する

10.5

2　　2

25 こどものワンピース

刺繍糸…………… 3866（白）

材料 ……………… 好みのワンピース

作り方　　**1**　P.42 **2・3** を参照して好みの位置に図案を写し、刺繍する。

刺し方のポイント

・最初に茎を刺してから、バランスを見つつ葉と花を刺す。

※掲載の作品の参考寸法です

3.5

実物大の図案

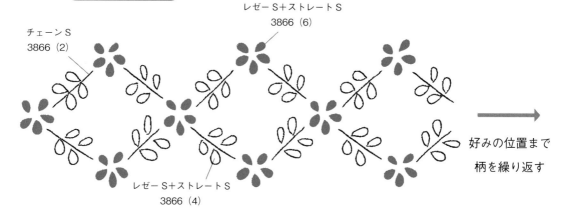

チェーンS
3866（2）

レゼーS＋ストレートS
3866（6）

レゼーS＋ストレートS
3866（4）

好みの位置まで
柄を繰り返す

紙刺繍のカード

刺繍糸⋯⋯⋯⋯⋯ 3033（白）
844（グレー）
22（赤）

材料 ⋯⋯⋯⋯⋯⋯ 布地（15×15㎝程度）
厚紙2枚（ハガキサイズ程度）

作り方

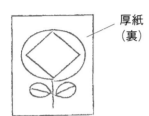

厚紙
（裏）

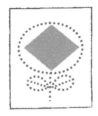

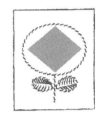

① 厚紙1枚の裏側に枠・茎・葉っぱの図案を下書きする。

② ◆の部分をカッターで切る。⋯⋯の部分に目打ちで穴をあける。

③ 図案を見ながらステッチを刺す（糸の端は玉止めせずにテープで止める）

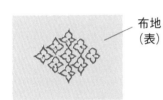

布地
（表）

④ 布地に花の部分を刺繍する。

⑤ 厚紙で布地をはさみ、接着剤で貼り付ける。

実物大の図案

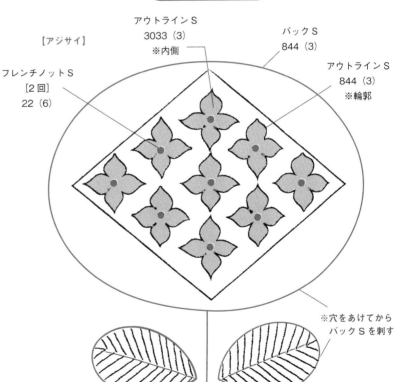

【アジサイ】

アウトラインS
3033（3）
※内側

バックS
844（3）

アウトラインS
844（3）
※輪郭

フレンチノットS
[2回]
22（6）

※穴をあけてから
バックSを刺す

バックS
844（3）

ストレートS
844（3）

刺し方のポイント

・花びらは最初に輪郭線を刺してから中を埋めていき、先端がとがるように刺す。
最後に、フレンチノットSでつぶを刺す。

27 シャツ（おとな・こども）

刺繍糸··············· 【おとな】　　　【こども】

　　　　　　　　648（グレー）　　739（クリーム）

材料 ······················ 好みのシャツ

作り方　**①**　P.42 2・3 を参照して好みの位置に図案を写し、刺しゅうする。
　　　　　　　※こどもはバランスを見ながらコピー機などで図案を縮小して使用する。
　　　　　　　　（掲載の作品は 85% 縮小）

刺し方のポイント

・一番長い茎を刺してから、バランスを見つつ
　短い茎を刺していく。最後に茎の先端に合わ
　せてつぶと花を刺す。全体的に上に伸びてい
　くように意識する。布地にあわせて、糸の色
　を変えると雰囲気が変わる。

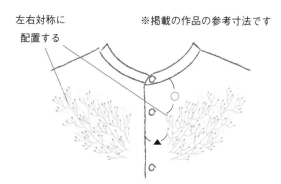

左右対称に
配置する

※掲載の作品の参考寸法です

○…おとな 4㎝、こども 1㎝
▲…おとな 4㎝、こども 3㎝

実物大の図案

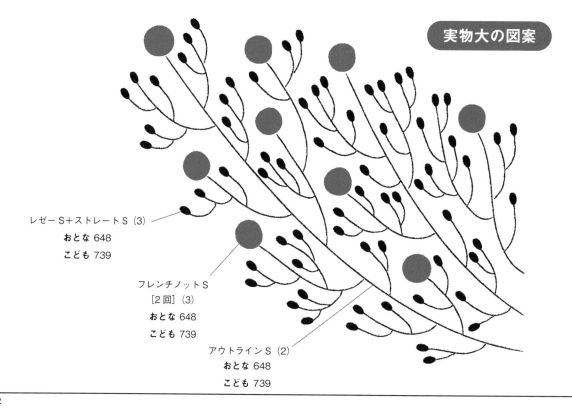

レゼーS＋ストレートS（3）
おとな 648
こども 739

フレンチノットS
［2回］（3）
おとな 648
こども 739

アウトラインS（2）
おとな 648
こども 739

28 おとなのワンピース

実物大の図案

【スターリンジア】

レゼーS＋ストレートS
221（3）

フレンチノットS
[2回]
221（3）

アウトラインS
221（2）

刺繍糸……………… 221（赤）

材料 ……………… 好みのワンピース

作り方 P.42 2・3を参照して好みの位置に
図案を写し、刺しゅうする。

刺し方のポイント

・一番長い茎を刺してから、バランスを見つつ
短い茎を刺していく。最後に茎の先端に合わ
せてつぶと花を刺す。全体的に上に伸びてい
くように意識する。布地にあわせて、糸の色
を変えると雰囲気が変わる。

左右対称に
配置する

※掲載の作品の参考寸法です

7

3

29 つけ襟

刺繍糸··············· 　3011（濃い緑）　　06（薄いピンク）
　　　　　　　　　　642（グレー）　　　223（濃いピンク）
　　　　　　　　　　523（薄い緑）　　　612（黄色）

材料 ·················· 　好みのつけ襟

左右対称に配置する

25　　14

※掲載の作品の参考寸法です

作り方　　P.42 2・3を参照し、好みの位置に図案を写し、刺繍する。

刺し方のポイント

・ディル：一番長い茎を刺してから短い茎・葉を刺し、次に先端に合わせてフレンチノットSを刺す。

・カモミール：花びらはサテンSの向きに注意する。

　　　　　　　フレンチノットS部分は、外側から内側に向かって埋める。

・バジル：最初に葉を刺してから、茎を刺す。

・タイム：最初に茎を刺してから、バランスを見つつ葉を刺す。葉の先端はとがらせる。

・セージ：最初に茎を刺してから、バランスを見つつ葉を刺す。

・ローズマリー：最初に茎を刺してから、バランスを見つつ葉を刺す。葉の先端はとがらせる。

・サンザシ：一番長い茎を刺してから短い茎・葉を刺し、次に先端に合わせてフレンチノットSを刺す。

　　　　　　葉はチェーンSで埋めてから、上から葉脈の線を刺す。

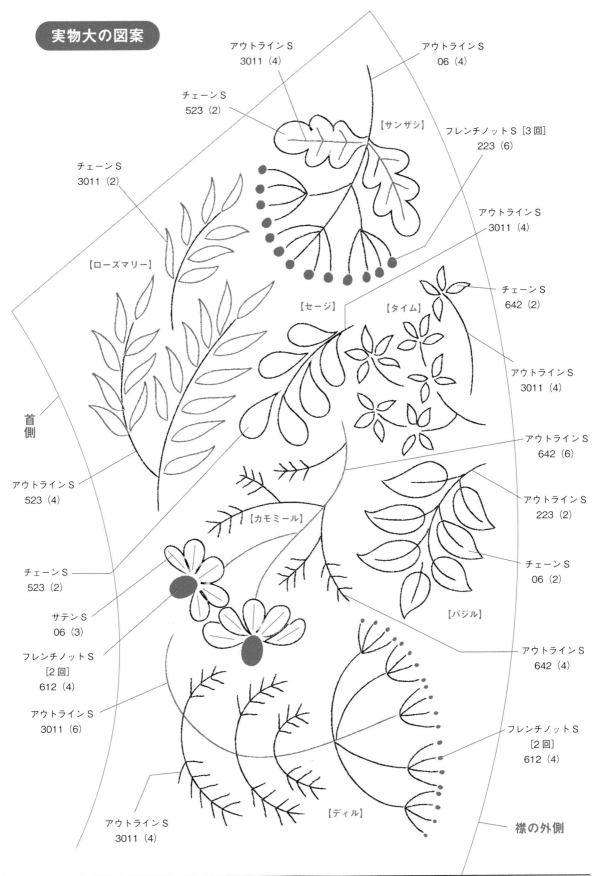

実物大の図案

アウトライン S
3011 (4)

アウトライン S
06 (4)

チェーン S
523 (2)

【サンザシ】

フレンチノット S [3回]
223 (6)

チェーン S
3011 (2)

アウトライン S
3011 (4)

【ローズマリー】

チェーン S
642 (2)

【セージ】

【タイム】

アウトライン S
3011 (4)

首
側

アウトライン S
642 (6)

アウトライン S
523 (4)

アウトライン S
223 (2)

【カモミール】

チェーン S
06 (2)

チェーン S
523 (2)

サテン S
06 (3)

【バジル】

フレンチノット S
[2回]
612 (4)

アウトライン S
642 (4)

アウトライン S
3011 (6)

フレンチノット S
[2回]
612 (4)

アウトライン S
3011 (4)

【ディル】

襟の外側

30 ファブリックパネル

刺繍糸················· ECRU（白）

414（グレー）

材料 ····························· 布地（25×25 cm以上）

好みのフレームやパネル（フレームの参考サイズ：内径 18 cmの円形）

作り方　**①** P.42 2・3を参照し、好みの位置に図案を写し、刺繍する。

　　　　② フレームやパネルにはめ込む。

刺し方のポイント

・ディル：一番長い茎を刺してから短い茎・葉を刺し、次に先端に合わせてフレンチノットSを刺す。

・カモミール：花びらはサテンSの向きに注意する。

　　　　　　　フレンチノットS部分は、外側から内側に向かって埋める。

・バジル：最初に葉を刺してから、茎を刺す。

・タイム：最初に茎を刺してから、バランスを見つつ葉を刺す。葉の先端はとがらせる。

・セージ：最初に茎を刺してから、バランスを見つつ葉を刺す。

・ローズマリー：最初に茎を刺してから、バランスを見つつ葉を刺す。葉の先端はとがらせる。

・サンザシ：一番長い茎を刺してから短い茎・葉を刺し、次に先端に合わせてフレンチノットSを刺す。

　　　　　　葉はチェーンSで埋めてから、上から葉脈の線を刺す。

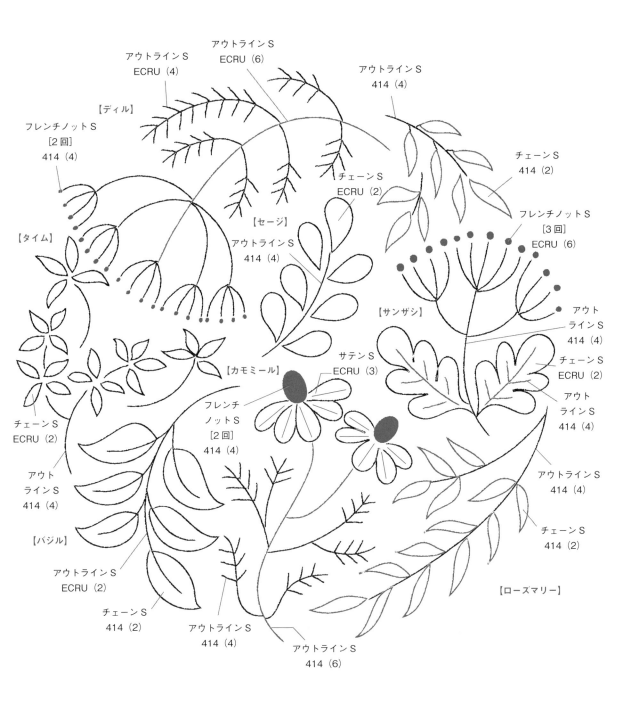

アウトライン S
ECRU（4）

アウトライン S
ECRU（6）

アウトライン S
414（4）

【ディル】

フレンチノット S
［2回］
414（4）

チェーン S
414（2）

チェーン S
ECRU（2）

フレンチノット S
［3回］
ECRU（6）

【セージ】

【タイム】

アウトライン S
414（4）

【サンザシ】

アウト
ライン S
414（4）

サテン S
ECRU（3）

チェーン S
ECRU（2）

【カモミール】

アウト
ライン S
414（4）

チェーン S
ECRU（2）

フレンチ
ノット S
［2回］
414（4）

アウト
ライン S
414（4）

アウトライン S
414（4）

【バジル】

チェーン S
414（2）

アウトライン S
ECRU（2）

【ローズマリー】

チェーン S
414（2）

アウトライン S
414（4）

アウトライン S
414（6）

ピンクッション

刺繍糸…………… 【**31** 赤】 【**32** 青】

3033（白） 3033（白）

22（赤） 823（青）

642（薄いグレー） 647（薄い緑）

3051（濃い緑） 934（濃い緑）

材料 ……………… 布地（15×15 cm程度）

手芸用綿 適宜

ウッドボウル 直径約6 cm 1個

刺し方のポイント

・最初に茎を刺してから、葉と実を刺す。中央の茎の線から、葉の葉脈の線がつながるように
　すると美しい。実のフレンチノット S 部分は、外側から内側に向かって埋める。

実物大の図案

【クサイチゴ】

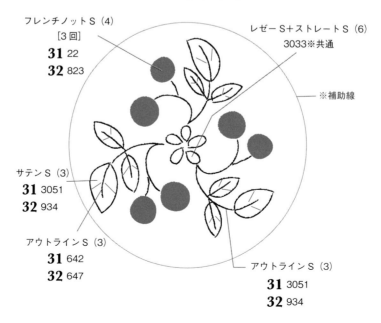

フレンチノット S（4）
［3回］
31 22
32 823

レゼー S＋ストレート S（6）
3033※共通

※補助線

サテン S（3）
31 3051
32 934

アウトライン S（3）
31 642
32 647

アウトライン S（3）
31 3051
32 934

作り方

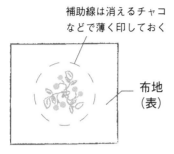

補助線は消えるチャコ
などで薄く印しておく

布地
（表）

1 P.42 2・3を参照して布地に
図案を写し、刺繍する。

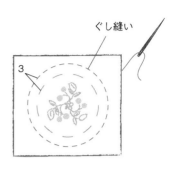

ぐし縫い

3

2 線の3cm外側をぐし縫いする。

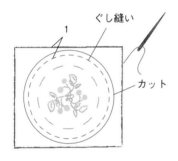

1

ぐし縫い

カット

3 縫い目のさらに1cm外側を
カットする。

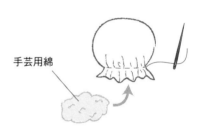

手芸用綿

4 手芸用綿を詰めながらぐし縫
いの糸を引き、丸い形を作る。

5 引いた糸を放射状に渡しな
がら布端を縫い、まとめて
いく。

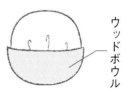

ウッドボウル

6 ウッドボウルの内側に接着剤
を塗り、**5** をつける。

33 クラシカルなブローチ

刺繍糸……………… 844（グレー）
902（赤）

材料 ………………… 布地（10×10㎝程度）
銅板付き木枠ブローチ（丸・直径4.5㎝）

作り方　**1**　P.42 2・3を参照して布地に図案を写し、刺繍する。

2　P.40 21〜26を参照して **1** で銅板を包み、
接着剤で土台に貼る。

刺し方のポイント

・最初に茎を刺してから、葉と実を刺す。葉は、最初に
一番長い線（葉の中央）を刺してから、短い線を刺す
とバランスをとりやすい。葉の先端はとがるようにする。

【ナナカマド】

フレンチノットS
［2回］
902（3）

※補助線

アウトラインS
844（2）

サテンS
844（2）

34 クラシカルなブローチ

刺繍糸……………… 902（赤）
844（グレー）
642（薄いグレー）

材料 ………………… 布地（10×10㎝程度）
銅板付き木枠ブローチ（楕円・4.5×6.8㎝）

作り方　**1**　P.42 2・3を参照して布地に図案を写し、刺繍する。

2　P.40 21〜26を参照して **1** で銅板を包み、
接着剤で土台に貼る。

刺し方のポイント

・チェーンS（グレー部分）は、外側から内側に
向かって埋めるようにする。

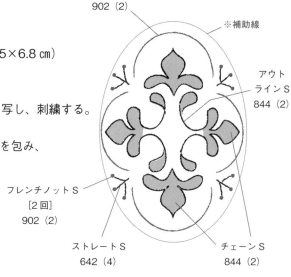

チェーンS
902（2）

【アンティーク風のお花】

※補助線

アウト
ラインS
844（2）

フレンチノットS
［2回］
902（2）

ストレートS
642（4）

チェーンS
844（2）

クラシカルなブローチ

刺繍糸⋯⋯⋯⋯⋯　844（グレー）

777（赤）

642（薄いグレー）

材料 ⋯⋯⋯⋯⋯⋯　布地（10×10㎝程度）

銅板付きブローチ金具（丸・直径4.5㎝）

作り方　**①** P.42　2・3を参照して布地に図案を写し、刺繍する。

② P.40　21〜26を参照して**①**で銅板を包み、接着剤で土台に貼る。

刺し方のポイント

・茎・葉・実の順で刺す。

　ヒイラギの葉は先端がとがるように刺す。

実物大の図案

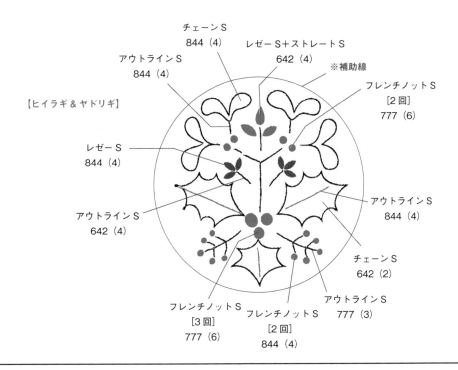

チェーンS
844（4）

レゼーS＋ストレートS
642（4）

アウトラインS
844（4）

※補助線

フレンチノットS
[2回]
777（6）

【ヒイラギ＆ヤドリギ】

レゼーS
844（4）

アウトラインS
844（4）

アウトラインS
642（4）

チェーンS
642（2）

アウトラインS
777（3）

フレンチノットS
[3回]
777（6）

フレンチノットS
[2回]
844（4）

アウトラインS
777（3）

36 クラシカルなブローチ

刺繍糸……………… 902（赤）　　642（薄いグレー）
　　　　　　　　　 844（グレー）　612（黄色）

材料 ………………… 布地（10×10㎝程度）
　　　　　　　　　 銅板付き木枠ブローチ（楕円・4.5×6.8㎝）

作り方　 **1** P.42 2・3 を参照して布地に図案を写し、刺繍する。

　　　　 2 P.40 21～26 を参照して **1** で銅板を包み、
　　　　　　 接着剤で土台に貼る。

刺し方のポイント

・最初に中央の花、次に大きな葉を刺す。最後に、その周りを飾
　りとして茎と葉（赤・グレー）を刺す。モチーフの外側（実や
　葉の先端）が並ぶようにすると、仕上がりが美しい。

実物大の図案

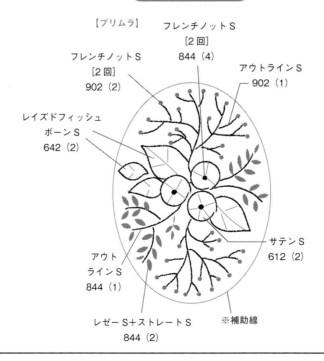

【プリムラ】

フレンチノットS
[2回]
844（4）

フレンチノットS
[2回]
902（2）

アウトラインS
902（1）

レイズドフィッシュ
ボーンS
642（2）

サテンS
612（2）

アウト
ラインS
844（1）

レゼーS＋ストレートS
844（2）

※補助線

P.26

37 ループタイ

刺繍糸················· 310（黒）

材料 ················· 布地（10×10 cm程度）
パールビーズ 3 mm　7 個
銅板付きループタイ金具（楕円・3×4 cm）
ループタイ剣先金具 2.5 cm　2 個
江戸打紐 太さ 5 mm　1.1m

作り方

① P.42 2・3 を参照して布地に図案を写し、刺繍する。

② P.40 21～26 を参照して①で銅板を包み、接着剤で土台に貼る。

③ 金具の裏にひもを通し、ひもの先に剣先金具を接着剤で付ける。（図 1）

刺し方のポイント

・葉はサテン S の向きに気を付けて刺す。最後に、バランスを見なが
らパールビーズをつける。左右対称を意識すると仕上がりが美しい。

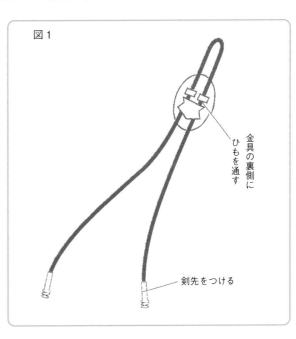

図 1

金具の裏側にひもを通す

剣先をつける

実物大の図案

サテン S
310 (2)

【オリーブ】

ビーズを縫いつける

38 バレッタ

刺繍糸……………… 842（白）

材料 ………………… 布地（10×20 ㎝程度）
　　　　　　　　　　　銅板付きバレッタ金具（楕円・9.4×3.2 ㎝）
　　　　　　　　　　　ソレイユスパンコール（ゴールド）　2 ㎜　38 枚

作り方　　（1）　P.42　2・3 を参照して布地に図案を写し、刺繍する。

　　　　　（2）　P.40　21〜26 を参照して（1）で銅板を包み、
　　　　　　　　接着剤で土台に貼る。

刺し方のポイント

・太い線から細い線の順で刺す。スパンコールは最後に縫い付ける。

実物大の図案

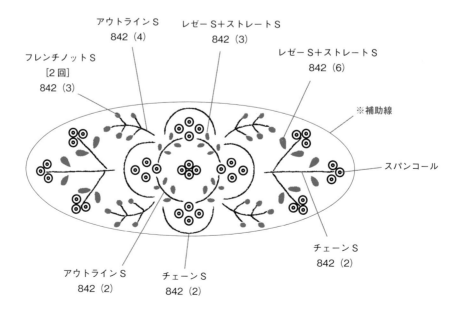

アウトライン S
842（4）

レゼー S ＋ストレート S
842（3）

フレンチノット S
[2 回]
842（3）

レゼー S ＋ストレート S
842（6）

※補助線

スパンコール

チェーン S
842（2）

アウトライン S
842（2）

チェーン S
842（2）

12ヶ月のイヤリング

＊材料・作り方は P.38〜41 を参照してください。
このページでは色のバリエーションの解説をしています。

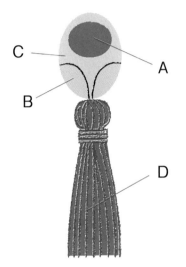

※実物大ではありません。
実物大の図案は P.38 を参照。

39 [1月]

A：22（赤）
B：522（緑）
C：712（白）
D：22（赤）

40 [2月]

A：310（黒）
B：844（グレー）
C：415（青）
D：310（黒）

41 [3月]

A：10（黄）
B：3813（緑）
C：04（グレー）
D：10（黄）

42 [4月]

A：152（ピンク）
B：3364（緑）
C：543（薄いピンク）
D：152（ピンク）

43 [5月]

A：3024（白）
B：3051（濃い緑）
C：3347（薄い緑）
D：3024（白）

44 [6月]

A：3866（白）
B：522（緑）
C：156（紫）
D：156（紫）

45 [7月]

A：3042（紫）
B：336（緑）
C：964（紺）
D：964（紺）

46 [8月]

A：3849（ターコイズ）
B：3363（緑）
C：926（水色）
D：3849（ターコイズ）

47 [9月]

A：729（黄）
B：936（緑）
C：642（ベージュ）
D：729（黄）

48 [10月]

A：3376（オレンジ）
B：642（グレー）
C：09（紫）
D：3376（オレンジ）

49 [11月]

A：433（茶）
B：934（緑）
C：612（ベージュ）
D：433（茶）

50 [12月]

A：3857（ワインレッド）
B：730（緑）
C：842（ベージュ）
A：3857（ワインレッド）

刺繍糸················· 22（赤）　　　　642（薄いグレー）

3722（ピンク）　　934（濃い緑）

05（白）　　　　　612（黄）

材料 ·················· 布地（15×15㎝程度）

スエード（15×15㎝程度）

厚手フェルト（5×5㎝程度）

ブローチピン 2.5㎝

丸小ビーズ 適量・竹ビーズ 適量

パールビーズ 8㎜／ 6㎜　各1個

刺し方のポイント

・A～C：最初に刺す。

・D：Dの部分と同型に厚手フェルトをカットしてD部分に置き、フェルトを隠すように上からサテンSで刺す。

・E：サテンSで埋めて、上から竹ビーズを並べ縫いつける。

・F：丸小ビーズを外側から内側に向かって埋めていくように縫いつける。

実物大の図案

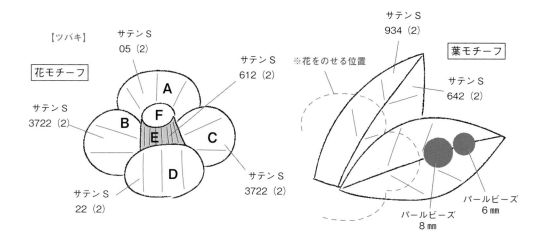

【ツバキ】
サテンS 05（2）
花モチーフ
サテンS 3722（2）
A
F
B E C
D
サテンS 22（2）
サテンS 612（2）
サテンS 3722（2）
※花をのせる位置
サテンS 934（2）
葉モチーフ
サテンS 642（2）
パールビーズ 8㎜
パールビーズ 6㎜

作り方は次のページ ➡

作り方

モチーフは少し離して刺す

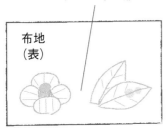

布地
（表）

1 P.42 2・3を参照して布地に
図案を写し、刺しゅうする。

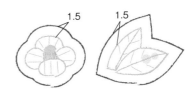

1.5　　1.5

2 1.5cmほど余白を残して
カットする。

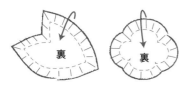

裏　　裏

3 余白に切り込みを入れ、
裏側に折り接着剤で貼る。

スエード

4 モチーフと同型にスエード
をカットする。

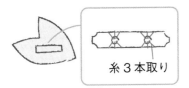

糸3本取り

5 ④でカットした葉モチー
フにブローチピンを縫いつ
ける。（葉の向きに注意）

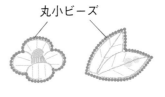

丸小ビーズ

6 刺しゅうモチーフの裏にス
エードを接着剤で貼り、
ブランケットSで周囲に丸
小ビーズを縫い付ける。（図1）

7 葉モチーフの上に花モチー
フを接着剤で貼る。

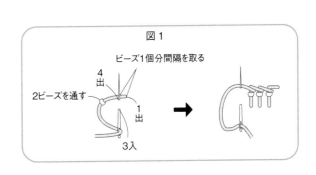

図1

ビーズ1個分間隔を取る

4
出

2ビーズを通す

1
出

3入

51 たんぽぽ綿毛のイヤリング

刺繍糸⋯⋯⋯⋯⋯ 3033（白）

310（黒）

材料 ⋯⋯⋯⋯⋯⋯⋯⋯ 布地（15×15 cm程度）

厚手フェルト（10×10 cm程度）

パールビーズ 2.5 mm　適宜

イヤリング金具

実物大の図案

【たんぽぽ（綿毛）】

フレンチノットS
[2回]
310（3）

ブランケットS
3033（2）
※ビーズを3個ずつ
通しながら刺す（図1）

刺し方のポイント

・糸にビーズを通しながらブランケットSで周囲を刺す。
次に中央をフレンチノットSで埋める。
後で消せるチャコペンを使って、放射線の補助線を
書いておくと刺しやすい。

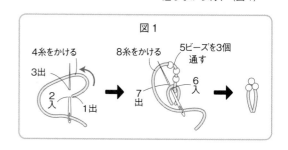

図1

4糸をかける　8糸をかける　5ビーズを3個
通す

3出
2入　1出　7出　6入

作り方

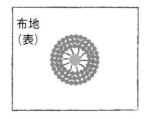

布地
（表）

切り込み

① P.42 2・3を参照して布地に図案
を写し、刺しゅうする。

② 1 cmほど余白を残してカットし、
切り込みを入れる。

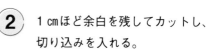

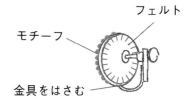

フェルト

モチーフ

金具をはさむ

③ 余白部分を裏側に折り接着剤で
貼る。

④ ③ よりも少し小さめにフェルトをカッ
トし、P.45 42～46を参照してイヤリン
グ金具をはさみながらモチーフの裏側
に接着剤で貼る。フェルトとモチーフ
をブランケットSで縫いつける。

53 切手風ブローチ

実物大の図案

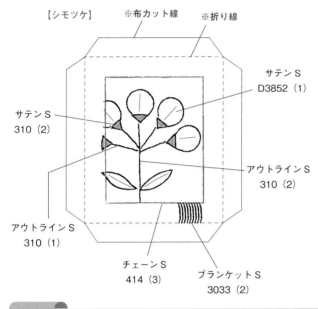

【シモツケ】　※布カット線　※折り線

サテンS
D3852（1）

サテンS
310（2）

アウトラインS
310（2）

アウトラインS
310（1）

チェーンS
414（3）

ブランケットS
3033（2）

刺繍糸……………　D3852（金・ディアマント）
310（黒）
414（紫）
3033（白）

材料 ……………　布地（10×10cm以上）
厚手フェルト（5×5cm）
ブローチピン2.5cm

作り方
P.91 参照。

刺し方のポイント

・最初に中央の茎を刺してから、バランスを見
つつ残りの茎と葉を刺す。

54 切手風ブローチ

実物大の図案

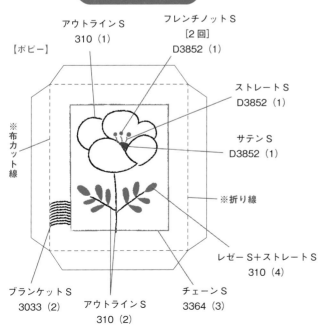

アウトラインS
310（1）

フレンチノットS
[2回]
D3852（1）

【ポピー】

ストレートS
D3852（1）

サテンS
D3852（1）

※布カット線

※折り線

レゼーS＋ストレートS
310（4）

ブランケットS
3033（2）

アウトラインS
310（2）

チェーンS
3364（3）

刺繍糸……………　D3852（金・ディアマント）
310（黒）
3364（緑）
3033（白）

材料 ……………　布地（10×10cm以上）
厚手フェルト（5×5cm）
ブローチピン2.5cm

作り方
P.91 参照。

刺し方のポイント

・最初に中央の茎を刺してから、バランスを見
つつ残りの茎と葉を刺す。

切手風ブローチ

刺繍糸·················· D3852（金・ディアマント）
310（黒）
729（黄）

材料 ·················· 布地（10×10cm以上）
厚手フェルト（5×5cm）
ブローチピン2.5cm

作り方

P.91 参照。

刺し方のポイント

・最初に中央の茎を刺してから、バランスを見

つつ残りの茎と葉を刺す。

実物大の図案

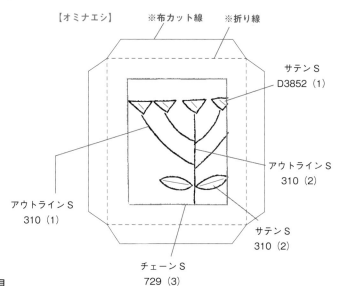

【オミナエシ】　※布カット線　※折り線

サテンS
D3852（1）

アウトラインS
310（2）

サテンS
310（2）

アウトラインS
310（1）

チェーンS
729（3）

切手風ブローチ

刺繍糸·················· D3852（金・ディアマント）
310（黒）
56…3755（青）／ **57**…22（赤）

材料 ·················· 布地（10×10cm以上）
厚手フェルト（5×5cm）
ブローチピン2.5cm

作り方

P.91 参照。

刺し方のポイント

・花びら（金色）の線は、先端がそろうように

すると、仕上がりが美しい。

実物大の図案

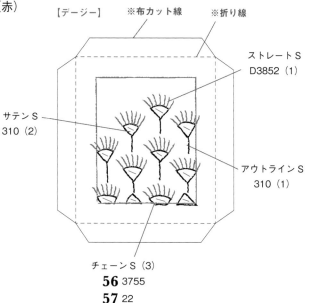

【デージー】　※布カット線　※折り線

ストレートS
D3852（1）

サテンS
310（2）

アウトラインS
310（1）

チェーンS（3）
56 3755
57 22

作り方

布カット線も写しておく

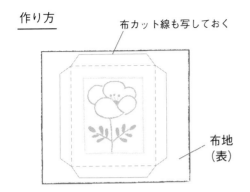

布地
(表)

1 P.42 2・3を参照して布地に
図案を写し、刺繍する。

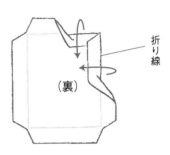

折り線

(裏)

2 布カット線に沿って布地を
カットし、折り線に沿って
周囲を折る。

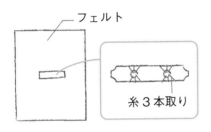

フェルト

糸3本取り

3 **2** と同型にフェルトをカッ
トし、ブローチピンを縫いつ
ける。

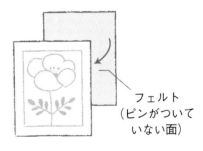

フェルト
(ピンがついて
いない面)

4 **2** と **3** を重ねる。
(まち針やクリップで固定
しても良い)

5 周囲をブランケットステッ
チでかがる。(間隔を開けず
に隙間なく刺していく)

ブランケットステッチ

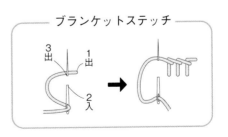

3
出

1
出

2
入

58 帯留め

刺繍糸……………… 712（白）

材料 ……………… 布地（10×20 cm程度）
　　　　　　　　　　銅板付き帯留め金具（扇・5.3×2.7 cm）
　　　　　　　　　　平スパンコール（白）6 mm　4 個
　　　　　　　　　　ソレイユスパンコール（白）　3 mm　9 個

作り方　**①** P.42　2・3 を参照して布地に図案を写し、刺繍する。

　　　　② P.40　21〜26 を参照して **①** で銅板を包み、
　　　　　接着剤で土台に貼る。

刺し方のポイント

・最初に茎をすべて刺してから、バランスを見つつ葉を刺す。
　スパンコールは最後につける。

実物大の図案

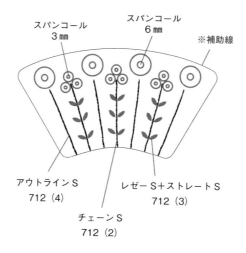

スパンコール
3 mm

スパンコール
6 mm

※補助線

アウトライン S
712（4）

レゼー S＋ストレート S
712（3）

チェーン S
712（2）

チューリップのピアス

刺繍糸 ……………… 【**60** 黄色】　　【**61** 赤】

729（黄）　　　814（ワインレッド）

3768（緑）　　　647（緑）

材料 ……………… 布地（10×10cm程度）

スエード厚手（10×10cm程度）・スエード薄手（5×5cm程度）

薄手フェルト（5×5cm程度）

丸小ビーズ　適宜・特小ビーズ　3個・スパンコール6mm　14〜16個

作り方　　　　　　9ピン　2個・ピアス金具（横向き平皿カンつき）　2個

P.95 参照。

刺し方のポイント

・花の先端は、山が3つ並ぶようにすると仕上がりが美しい。

　スパンコールは最後の3-4枚になったところで一度布に並べてみて、バランスの調整をする。

　スパンコールを縫いつけ、間にフレンチノットSを刺す。

実物大の図案

バックS（2）
60 729
61 814

サテンS（2）
60 729
61 814

周囲をバックSで一周刺し、
中を丸小ビーズをランダムに
縫いつけ埋める

トップ部分

※薄手フェルトを芯の形に
カットして図案花の部分の
布地に接着剤で貼り、
芯を覆うようにサテンSを刺す。

花部分の芯型紙

重ねる

モチーフ部分

特小ビーズ　【チューリップ】

サテンS（2）
60 3768
61 647

※補助線

スパンコール

ストレートS（2）
60 3768
61 647

バックS（2）
60 3768
61 647

フレンチノットS
[3回]（6）
60 3768
61 647

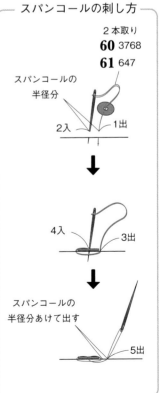

スパンコールの刺し方

2本取り
60 3768
61 647

スパンコールの
半径分

2入　　1出

4入　　3出

スパンコールの
半径分あけて出す

5出

スズランのピアス

刺繍糸…………… 【**62** カーキ】　【**63** 黒】　　【**64** 茶】

　　　　　　　　　612（黄）　　310（黒）　　3781（こげ茶）

　　　　　　　　　3033（白）　　3033（白）　　3857（赤茶）

　　　　　　　　　　　　　　　　　　　　　　612（黄）

材料 ……………… 布地（10×10 ㎝程度）

　　　　　　　　　スエード厚手（10×10 ㎝程度）・スエード薄手（10×5 ㎝程度）

　　　　　　　　　パールビーズ　適宜・スパンコール6㎜　14〜16個

　　　　　　　　　9ピン　2個・ピアス金具（横向き平皿カンつき）　2個

作り方

　P.95 参照。

刺し方のポイント

・花の部分は、力加減に気を付けてふんわりさせる。

　スパンコールは最後の 3-4 枚になったところで一度布に並べてみて、バランスの調整をする。

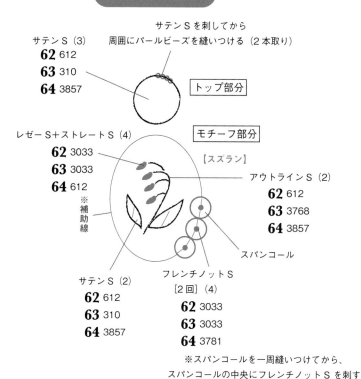

実物大の図案

サテンS を刺してから
周囲にパールビーズを縫いつける（2本取り）

サテンS（3）
62 612
63 310
64 3857

トップ部分

モチーフ部分

レゼーS＋ストレートS（4）
62 3033
63 3033
64 612

※補助線

【スズラン】

アウトラインS（2）
62 612
63 3768
64 3857

スパンコール

サテンS（2）
62 612
63 310
64 3857

フレンチノットS
[2回]（4）
62 3033
63 3033
64 3781

※スパンコールを一周縫いつけてから、
スパンコールの中央にフレンチノットS を刺す

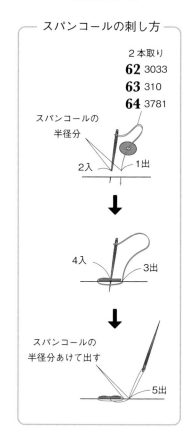

スパンコールの刺し方

2本取り
62 3033
63 310
64 3781

スパンコールの
半径分

2入　　1出

4入　　3出

スパンコールの
半径分あけて出す

5出

作り方

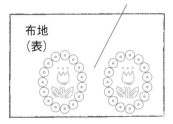

モチーフは少し離して刺す

布地
（表）

1 P.42 2・3を参照して布地に
図案を写し、刺繍する。

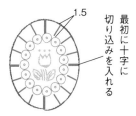

最初に十字に切り込みを入れる

1.5

2 1.5cmほど余白を残して
カットし、余白に切り込み
を入れる。

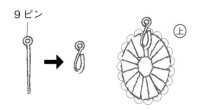

9ピン

（上）

3 余白を裏側に折り接着剤で
貼る。

4 9ピンをヤットコで8の字
状に曲げ、**3** の上部に
接着剤でつける。

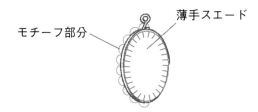

薄手スエード

モチーフ部分

5 **3** よりも少し小さめに薄手スエードを
カットし、モチーフ部分の裏側に
接着剤で貼る。フェルトとモチーフを
ブランケットS（P.91参照）で縫いつける。

6 トップ部分を **1** ～ **3** と同
様に作る。

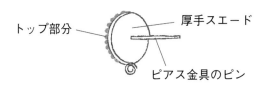

トップ部分

厚手スエード

ピアス金具のピン

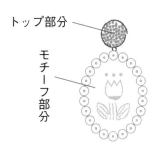

トップ部分

モチーフ部分

7 **6** よりも少し小さめに厚手スエードを
カットし、ピアスのピンを貫通させてトップ
部分の裏側に接着剤で貼る。

8 モチーフ部分に付けた9ピンの
わっかをヤットコで少し広げ、
トップの金具のわっかに通し、
9ピンのわっかをとじる。

ハイトモニカ
ボタニカル刺繍の
アクセサリーと小物

2021 年 9 月 25 日 初版 1 刷発行

著者　　　ハイトモニカ
発行者　　廣瀬 和二
発行所　　株式会社 日東書院本社
　　　　　〒 160-0022
　　　　　東京都新宿区新宿 2 丁目 15 番 14 号　辰巳ビル
　　　　　TEL 03-5360-7522[代表]
　　　　　FAX 03-5360-8951[販売部]
　　　　　振替 00180-0-705733
　　　　　URL http://www.tg-net.co.jp/

印刷・製本　　図書印刷株式会社

スタッフ
編集　　　　　　丸山亮平（百日）、並木愛
写真　　　　　　北村勇祐
スタイリング　　片山愛沙子
ヘアー　　　　　Yukihiro Harimoto (eight.)
メイク　　　　　Saori Hira (eight.)
ブックデザイン　みうらしゅう子
モデル　　　　　ラリッサ（Gunn's）
ライター　　　　泉みや
アシスタント　　下條絵美（スタイリング）
　　　　　　　　Yusuke Baba (Beyond the Lenz / 写真)
制作協力　　　　はぎわらともこ（04,06,07,16,24,25,27,29,30,32）
撮影協力　　　　AWABEES
衣装協力　　　　古着屋 JAM

【読者の皆様へ】
本書の内容に関するお問い合わせは、お手紙かメール（info@tg-net.co.jp）にて承ります。恐縮ですが、お電話でのお問い合わせはご遠慮ください。